| 交通运输低碳发展战略与关键技术丛书 |

Research on the
Development Pathways and Countermeasures of
Urban Green Travel

城市绿色出行
发展路径与对策研究

高 畅 李振宇 陈徐梅 宋伟男 编著

人民交通出版社
北京

内 容 提 要

本书系统介绍了绿色出行概念、理论及当前我国城市绿色出行的发展成效，从绿色出行指数构建、碳排放情景分析、发展路径分析等方面，对我国城市绿色出行发展情况进行了全方位的分析和研究。

本书可为社会公众了解我国城市绿色出行发展情况提供基础资料，为城市交通行业管理、公共交通企业经营管理和相关科研工作提供参考。

图书在版编目(CIP)数据

城市绿色出行发展路径与对策研究/高畅等编著.
北京:人民交通出版社股份有限公司,2025.1.
ISBN 978-7-114-19956-1

Ⅰ.F512.3

中国国家版本馆 CIP 数据核字第 2024ED8312 号

Chengshi Lüse Chuxing Fazhan Lujing yu Duice Yanjiu

书　　名：	城市绿色出行发展路径与对策研究
著 作 者：	高　畅　李振宇　陈徐梅　宋伟男
责任编辑：	董　倩　绳晓露
责任校对：	卢　弦
责任印制：	张　凯
出版发行：	人民交通出版社
地　　址：	(100011) 北京市朝阳区安定门外外馆斜街 3 号
网　　址：	http://www.ccpcl.com.cn
销售电话：	(010) 85285857
总 经 销：	人民交通出版社发行部
经　　销：	各地新华书店
印　　刷：	北京建宏印刷有限公司
开　　本：	710×1000　1/16
印　　张：	12.5
字　　数：	194 千
版　　次：	2025 年 1 月　第 1 版
印　　次：	2025 年 1 月　第 1 次印刷
书　　号：	ISBN 978-7-114-19956-1
定　　价：	90.00 元

(有印刷、装订质量问题的图书，由本社负责调换)

编 写 组

主　　编：高　畅　李振宇

副 主 编：陈徐梅　宋伟男

编写成员：王林阳　刘　洋　安　晶　刘晓菲　赵　屾

　　　　　杜云柯　路　熙　于　洋　张晓悦　孟　悦

前言 | PREFACE

近年来，随着我国城镇化的持续推进，机动化出行水平快速提升，城市交通得到快速发展，为城市运行提供了重要支撑，为市民的日常出行提供了极大便利。随着国家城市公交优先发展战略的实施，绿色出行也从之前的理念研究向城市实践发展，大城市的交通拥堵得到一定缓解。但是，由于我国仍处于快速机动化发展阶段，机动车保有量以年均增长率超过10%的速度快速增长，且由于小汽车使用成本偏低，行车堵、停车难、能耗和碳排放增长快及城市出行效率不高等仍然是未来城市交通发展亟待解决的重要问题，直接关系到公众基本出行、城市经济运行以及国家能源安全等，已成为社会广泛关注的重点。

党的十八大明确了新型城镇化发展路径，提出了把生态文明建设放在突出地位，努力建设美丽中国的部署要求。2012 年中央经济工作会议提出要把生态文明理念和原则全面融入城镇化全过程，走集约、智能、绿色、低碳的新型城镇化道路。党的二十大提出要加快发展方式绿色转型，推动形成绿色低碳的生产方式和生活方式。2023 年，我国城镇化人口已超过 9 亿，新型城镇化进程迈入了全新阶段，以人为核心的高质量城镇化是未来发展的重要方向。

城市交通是交通强国建设的重要内容。绿色出行是城市交通系统高质量发展的基础，是支撑城市发展活力的重要内容，是落实国家碳达峰碳中和发展愿景的必然路径。目前，我国城市交通正处于转型发展的重要战略机遇期，面临着城市化进程快速推进、差异化出行需求旺盛、行业能源结构调整等系列挑战。《交通强国建设纲要》提出，到 2035 年，基本建成交通强国，智能、平安、绿色、共享交通发展水平明显提高，城市交通拥堵基本缓解，无障碍出行服务体系基本完善的发展目标，以及形成"全国123出行交通圈"，加强城市交通拥堵综合治理。《2030年前碳达峰行动方案》提出开展交通运输绿色低碳行动，打造高效衔接、快捷舒适的公共交通服务体系，积极引导公众选择绿色低碳的交通方式。到2030年，城区常住人口100万以上的城市绿色出行比例不低于70%。"十四五"期间，国家发展改革委、交通运输部联合开展绿色出行创建行动，近百个城市积极参与了此行动，取得了显著成效，为推进城市公交及绿色出行优先发展发挥了重要作用。国内外经验表明，城市的形态、密度和交通模式之间密切相关，同时也产生了不同的城市交通碳排放强度。人口密度较低的城市，要发展以小汽车为主的交通方式，碳排放强度高；人口密度适中的城市，要发展公共交通、小汽车和自行车等混合交通模式，碳排放强度居中；人口密度较高的城市，要发展以公共交通为主的绿色出行体系，碳排放强度最低。因此，应鼓励不同规模、形态和发展阶段的城市因地制宜地探索城市交通发展路径。由于我国城市类型较多，仅靠公交优先并不能完全实现所有城市的交通出行结构优化，因此，需要积极发展城市绿色出行，统筹发展公共交通与小汽车、自行车、步行等交通方式的竞争和协作关系，实施必要的交通需求管理措施，并通过市场机制调节，实现交通供需平衡，构建最适合的发展路径。

  发展城市绿色出行是走以人为本的新型城镇化道路的重要抓手，碳达峰碳中和目标对城市绿色出行发展提出了更高的要求。建立高品质的城市绿色出行体系是缓解交通拥堵、降低城市交通能耗和碳排放、改善空气质量、实现城市与交通协调发展的必然选择。本书系统分析了我国绿色出行的发展现状及存在的主要问题，总结了部分绿色出行创建城市的发展经验，通过典型城市绿色出行问卷调查，从不同角度、不同层次调研了社会各界对发展城市绿色出行的政策建议意见，在借鉴国外城市绿色出行的发展经验基础上，提出了我国绿色出行的发展路径和发展对策。

  本书共有七章，第一、二、六章由高畅撰写，第三、四章由宋伟男撰写，第五章由李振宇撰写，第七章由陈徐梅撰写。希望本书能为关注城市交通可持续发展的学者和从业人员提供参考。

  由于作者水平有限，书中不妥之处难免，敬请读者批评指正。

编著者
2024年6月

目录 | CONTENTS

第一章　绿色出行概述/1

第一节　绿色出行概念和体系构成 …………………………………… 3
第二节　绿色出行相关理论基础 ………………………………………… 9
第三节　发展绿色出行产生的效益 …………………………………… 19
第四节　绿色出行发展历程 …………………………………………… 24
第五节　我国绿色出行发展的宏观环境与机遇 …………………… 26

第二章　我国绿色出行发展现状、经验与挑战/31

第一节　绿色出行发展现状 …………………………………………… 33
第二节　绿色出行创建行动主要成效 ………………………………… 41
第三节　绿色出行发展经验 …………………………………………… 44
第四节　绿色出行发展形势和要求 …………………………………… 58
第五节　绿色出行发展存在的问题和挑战 ………………………… 61

第三章　绿色出行社会调查与分析/65

第一节　调查组织实施情况 …………………………………………… 67
第二节　调查结果 ………………………………………………………… 67

第四章　绿色出行发展水平评价/91

- 第一节　国内外类似指标体系 ………………………………… 93
- 第二节　绿色出行指数构建 …………………………………… 100
- 第三节　绿色出行发展水平评价 ……………………………… 114

第五章　绿色出行碳排放情景分析/119

- 第一节　绿色出行发展情景设定 ……………………………… 121
- 第二节　绿色出行发展趋势分析 ……………………………… 121
- 第三节　绿色出行能耗和碳排放预测分析 …………………… 132

第六章　典型国家和地区的绿色出行发展借鉴/137

- 第一节　建立绿色出行导向的城市发展模式经验 …………… 139
- 第二节　完善绿色出行主导的出行结构 ……………………… 142
- 第三节　减少高碳排放的小汽车出行 ………………………… 150
- 第四节　强化绿色出行理念的引导 …………………………… 155
- 第五节　对我国绿色出行发展的启示 ………………………… 156

第七章　绿色出行发展路径和对策分析/161

- 第一节　绿色出行发展目标 …………………………………… 163
- 第二节　绿色出行发展路径 …………………………………… 166
- 第三节　绿色出行发展对策 …………………………………… 179

参考文献/186

第一章

绿色出行概述

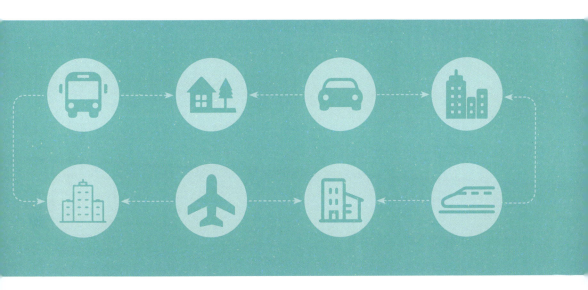

第一章 绿色出行概述

第一节 绿色出行概念和体系构成

一、绿色出行概念

绿色出行（Eco-friendly Transportation，也称 Green Travel、Sustainable Transportation），作为国际积极倡导的出行理念，有着丰富的内涵。微观层面，绿色出行是指出行个体在交通出行全过程中，所选择的一系列有利于减少资源消耗、降低各类环境污染的出行方式行为。宏观层面，绿色出行是指各社会主体和个人通过建设现代化的绿色交通系统，让不同出行群体优先选择"公共交通+自行车+步行"的绿色出行方式。

2019年，交通运输部会同中央宣传部等十二部门和单位联合印发了《绿色出行行动计划（2019—2022年）》（交运发〔2019〕70号），明确了总体要求和重点任务，其中通过"构建完善综合运输服务网络""大力提升公共交通服务品质""优化慢行交通系统服务"等工作任务进一步明确了绿色出行的定义边界，即以城市公共交通和慢行出行等出行方式为主体的，具备生态友好、清洁低碳、集约高效、布局合理的出行系统。本书中的绿色出行引用以上定义。

2020年，交通运输部联合国家发展改革委印发了《绿色出行创建行动方案》（交运函〔2020〕490号），其中通过"绿色出行比例"指标，明确了绿色出行方式，即城市轨道交通、公共汽电车、自行车和步行等方式。

二、绿色出行体系构成

绿色出行体系是一个以"城市公共交通+步行/自行车"方式为主体，以出租汽车、私人小汽车、摩托车等方式为补充的城市出行系统，是绿色低碳城市交通体系的重要组成部分，各个方式之间相互协调、相互制约。

按照构成要素，绿色出行体系包括交通主体、交通方式、交通基础设施和社会管理与服务四类元素（图1-1）。

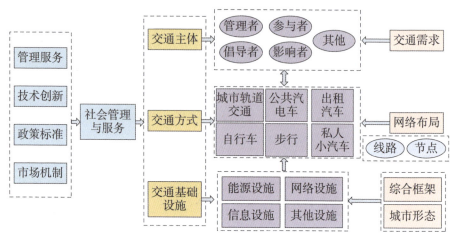

图 1-1　绿色出行体系构成要素框架

1. 交通主体

交通主体指全体城市绿色出行的参与者，包括政府、企业、非政府组织、市民和流动人员等，他们是城市绿色出行的管理者、组织者、倡导者、参与者和影响者。具有绿色低碳意识的交通参与者是构成城市绿色出行系统的重要组成部分。

2. 交通方式

交通方式包括公共汽电车、城市轨道交通、私人小汽车、出租汽车、公务车、摩托车等机动车和私人自行车、互联网租赁自行车（俗称"共享单车"）、电动自行车等。

国内外发展经验表明，不同城市交通方式的适用范围不同，步行的出行距离最短，私人小汽车的出行距离最长；步行、自行车、私人小汽车等的客流密度最低，公共汽电车居中，地铁和市郊铁路的客流密度最高（图 1-2）。不同的交通方式，其能源消耗强度和碳排放强度是不同的。城市绿色出行系统以低能耗、低排放和低污染的交通运输工具（如城市轨道交通、公共汽电车以及自行车等）为主导。一般来讲，城市绿色出行系统倡导的是"135"出行模式（1km 内步行、3km 内骑行、5km 内乘坐公共交通）。各种交通方式的技术水平、发展规模、结构比例、管理水平等是系统运转效率的基础性因素，直接影响整个城市交通系统的运行效率。机动化交通方式的低碳化（如发展纯电动公交、氢能源公交等）以及非机动化交通方式的创新升级（如发展互联网租赁自行车）和规范化发展（如规范发展电动自行车）是城市绿色出行的未来发展趋势。

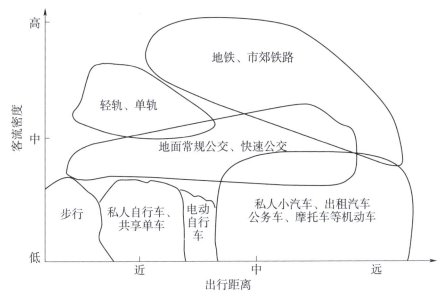

图 1-2 不同城市交通方式的出行适用范围

城市轨道交通、公共汽电车、自行车、步行等绿色出行方式的定义和主要特点如下：

1）城市轨道交通

根据国家标准《城市轨道交通分类》（GB/T 44413—2024）中的定义，城市轨道交通是指采用专用轨道导向运行的城市公共客运交通方式，包括地铁、轻轨、单轨、跨座式单轨、悬挂式单轨、自动导向轨道、有轨电车、导轨式胶轮电车、中低速磁浮、市域快速轨道、高速磁浮等系统。常见的轨道交通有传统铁路（普通铁路、城际铁路和市域铁路）、地铁、轻轨和有轨电车，此外还有磁悬浮轨道、单轨等新型轨道交通。

城市轨道交通普遍具有运量大、速度快、班次密、安全舒适、准点率高、全天候、运费低和节能环保等优点，但同时伴随着较高的前期投资、技术要求和维护成本，并且占用的空间往往较大，适用于大中型以上城市。

2）公共汽电车

根据国家标准《城市客运术语　第 2 部分：公共汽电车》（GB/T 32852.2—2018）中的定义，公共汽电车交通是指以公共汽车、无轨电车为运载工具的公共交通方式。公共汽电车按照车长类型可划分为特大型公共汽车、大型公共汽车和中小型公共汽车，其中特大型公共汽车又可分为双层和单层公共汽车；按燃料类型可分为压缩天然气公共汽车（Compressed Natural Gas Vehicle，CNGV）、液化天然气公共汽车（Liquefied Natural Gas Vehicle，LNGV）、液化石油气公共汽车（Liquefied Petroleum Gas Vehicle，LPGV）、电动公共汽车（Electric Vehicle，EV）、混合动力公共汽车（Hybrid Electrical Vehicle，HEV）和无轨电车（Trolley Bus）等。

公共汽电车是一种集约型出行方式，有着线路较多、价格经济、出行便捷的特点，但同时受线路限制，灵活性相对较差。

3）自行车

根据国家标准《自行车安全要求　第1部分：术语和定义》（GB/T 3565.1—2022）中的定义，自行车是指以脚踩踏板为动力的交通工具。自行车按乘坐人数可分为单人自行车、双人自行车和多人自行车；按适用场景可分为城市和旅行用自行车、青少年自行车、山地自行车与竞赛自行车等。此外，还出现了电动自行车、城市公共自行车、互联网租赁自行车等形式。

自行车出行方式具有低碳、环保、健康、停放便捷的特点，但因其以人力为动力运转，不宜作为远距离交通工具。因此，许多城市将其作为城市公共交通系统的接驳方式，解决"最先和最后一公里"的出行问题。为支持自行车交通发展，许多城市不断完善设施，改善自行车出行环境，提高自行车行车安全，包括设置自行车道、自行车专用绿道、隔离护栏等。

2008年，公共自行车首先从杭州市开始兴起，随后在全国其他城市开始发展，先后共有60多个城市提供了公共自行车服务，为推动绿色出行发展发挥了重要作用。后期随着互联网租赁自行车的发展，逐步取代了公共自行车服务。互联网租赁自行车是我国共享经济下一种典型的城市交通新业态，为解决"最先和最后一公里"出行难题提供了一种有效方案，对丰富城市绿色出行体系及优化交通出行结构、减少城市交通碳排放起到了积极作用。互联网租赁自行车自2015年在我国出现以来，经历了由乱而治的发展阶段，已逐步实现规范化发展。目前，全国有超过460个城市投放互联网租赁自行车运营车辆，日均订单量约3300万单❶。

---

❶数据来源：主要互联网租赁自行车企业提供的统计数据。

4）步行

步行是人类的基本技能，也是一种健身方式，是维持人们身体健康的基本需要。据测算，每天步行 1km，坚持一个月，可实现减重约 0.3kg。步行在日常生活中非常重要，既是一种交通出行方式，又是一种生活方式，能更好地促进人们交往，有助于丰富城市的公共生活，繁荣城市的市民文化。

步行交通是人类最基本、最直接的出行方式。步行需要以耗费一定的体力为代价，也常被一些人误读为一种"最原始的、最低效的"出行方式。随着我国城市经济的快速增长、城市化进程的加快、出行距离的拉长、机动车辆的增加、步行道设计的不连续、建设资金的短缺、步行道路资源被机动车或电动自行车侵占、出行安全问题以及城市环境质量的下降，步行出行逐渐困难。

3. 交通基础设施

网络设施、能源设施、信息设施是构成城市绿色出行系统的主要物质基础。

网络设施是在一定地理空间范围（如城市建成区）内由各种绿色出行方式的线路（如城市道路、轨道交通）和节点（如交通枢纽、公交站点）等固定技术装备组成的综合架构，其空间分布、通行能力和技术装备体现了整个绿色出行系统的状况和水平。绿色出行网络设施以相应的城市空间为基础，以城市实际的交通需求和人文发展水平作为规划建设的依据，具有合理的规模、布局与结构，并与内部交通网络和外部交通网络相互协调，尽可能实现交通供给和需求的平衡，能够提高土地利用效率和城市交通的组织效率，最大限度地减少城市交通网络设施在施工和运行过程中的资源能源消耗，以及对环境的污染和对生态系统的损害。网络设施中的环境，既包括生态走廊、绿道等原生自然环境，也包括城市空间布局、公交专用道、慢行道路、过街设施等绿色出行运营环境。通过减少交通运输工具的碳排放和污染物排放，增加碳汇❶，可以降低对城市环境产生的负面影响，进而为出行者提供安全、便捷、舒适、公平的出行环境。

---

❶ 根据《联合国气候变化框架公约》，碳汇是指通过植树造林、植被恢复等措施，吸收大气中的二氧化碳，从而减少温室气体在大气中浓度的过程、活动或机制。

能源设施包括交通能源的生产、包装、运输、存储、供应等全过程的设施。当前使用化石能源的交通工具是造成城市交通领域能源消耗、二氧化碳排放持续升高、污染物排放增加及生态环境破坏的重要原因。加快纯电动汽车、燃料电池汽车在城市交通领域的推广应用并完善相应的配套设施，替代传统化石能源的交通工具，能够有效减少二氧化碳和污染物的排放，是未来的重点发展方向。

信息设施包括数据传输、传感、云计算及其他信息设施，信息技术、数据传输技术、传感技术与云计算技术等集成运用于城市交通系统，能够保障人、车、路与环境之间的相互交流，可提高城市交通的通行效率，大幅降低二氧化碳和污染物排放量。随着互联网技术的发展，手机信令、北斗定位系统和全球卫星定位系统数据技术的推广应用丰富了城市交通业态（如定制公交等），为居民出行提供了多样化的绿色出行服务。公交出行的相关微信小程序和 App 等，向公众提供公交实时运行信息、线路等交互查询服务。现代信息技术、物联网技术等在城市交通领域的广泛应用和深度融合，显著提升了城市交通管理、服务和信息公开的智慧化水平。

4. 社会管理与技术服务

管理服务、技术创新、政策标准、市场机制等是社会管理与技术服务的重要组成部分。

管理服务用以协调城市土地和城市交通的规划及合理利用，维护交通秩序，支持、引导和监督交通运输工具低碳化推广，对出行者、车辆和路网进行合理地协调匹配，通过绿色出行系统促进整个城市交通运行效率达到最优化，使城市交通供需实现相对的动态平衡。

技术创新包括新能源以及新能源交通工具的开发和使用、绿色低碳道路等交通基础设施技术的研发、机动车尾气排放检测和控制技术、绿色维修技术、智能调度技术、自动驾驶技术、出行信息服务技术的创新等，绿色低碳交通技术创新是城市绿色低碳交通发展的关键要素。通过技术创新，研发和推广纯电动汽车、燃料电池汽车，开发利用太阳能等可再生能源汽车，研发机动车车身的轻质化材料，可有效降低能源消耗，减少二氧化碳和污染物的排放。

政策标准是指建设绿色出行系统须通过专门的政策法规体系和标准规范体系作为其发展的基本依据和约束规范，并通过建立完善的绿色出行发展统计和监测考核体系来保障城市绿色出行的一体化、零碳化、共享化和智能化发展。

市场机制是指建设绿色出行系统需要发挥金融市场、碳市场等的支撑作用。通过发挥绿色投融资、合同能源管理等机制作用，支持新能源车辆的推广应用、重大基础设施建设和重大智能交通平台建设。通过建立绿色出行碳普惠等市场机制来引导公众减少使用小汽车出行，积极参与绿色出行，增加绿色出行人次。

交通基础设施和交通主体共同构成了城市绿色出行系统的"硬件"，社会管理与服务是城市绿色出行系统的"软件"。城市绿色出行系统中各个组成元素相互影响、相互作用。交通基础设施建设和社会管理与服务的发展需要发挥交通主体的能动性，基础设施制约交通主体的交通需求总量和特性，社会管理与服务对交通基础设施起着推动和支撑保障作用。此外，城市绿色出行系统与经济社会系统、资源系统、环境系统和政策管理系统等外部系统之间还具有耦合关系。

第二节 绿色出行相关理论基础

关于绿色出行的相关研究和实践始于 20 世纪 90 年代初。自 1990 年起，新加坡政府每年根据道路实时容量制定年度小汽车配额，通过公开竞标的方式拍卖小汽车购买指标，后续研究制定了拥堵收费制度等。1994年，Chris Bradshaw 首次定义了绿色交通运输体系，将绿色交通运输描述为一个以减少污染排放、提高交通通达度、减少拥堵、减少能源需求为目的，最终能够实现可持续发展的系统。部分国家开始推广自愿改变出行方式的出行倡议，鼓励出行者选择更加环境友好的交通工具出行。该倡议的目标是减少私人小汽车的使用率，进而减少化石能源的使用，最终达到资源节约、污染物排放减少的目标。新加坡政府在 2009 年发布了第一版《永续新加坡发展蓝图》，其中对城市可持续交通进行了解读，认为城市可持续交通应努力使公共交通成为一种更好的出行选择，对道路交通进行有序管理，并且满足各类人群的多样出行。

绿色出行广义上是一种负外部性较小的出行方式，出行可以看作一种特殊的消费及服务，绿色出行同样有着与一般生产、消费及服务相同的主体、客体等构成要素。生产的主体即绿色出行服务的提供者或经营者，消费的主体即绿色出行服务的消费者，绿色出行的理论基础应由绿色经营和绿色消费两部分组成。从绿色出行与出行主体的关系角度看，其本质是一种出行方式的选择行为。本书的理论基础部分从绿色交通理论、城市规划理论、绿色消费理论、绿色经营理论以及出行方式选择的相关研究综述这五个方面进行介绍。

一 绿色交通理论

绿色交通的概念最早源于 20 世纪后半叶，随着城市化进程的加快，交通拥堵、环境污染和能源危机等问题日益严重，人们开始寻求一种更加可持续的交通发展方式。绿色交通概念的提出与可持续发展战略密切相关。1987 年，世界环境与发展委员会（World Commission on Environment and Development，WCED）在《我们共同的未来》报告中首次提出了"可持续发展"一词，并定义为满足当代人需求而不危及后代人满足其需求的发展。1992 年，《环境与发展宣言》和《全球 21 世纪议程》进一步确立了可持续发展的概念，并将其作为人类社会发展的共同战略。在此背景下，绿色交通作为一种与城市发展、规划和功能分区相协调的出行选择应运而生。绿色交通以节能、环保、通畅、安全的交通设施为基础，以公共交通、慢行交通（步行、自行车）和新能源、环保型汽车为工具，以高效、智能、可持续的城市综合交通系统为依托。

加拿大学者 Chris Bradshaw 在 1994 年首次定义了绿色交通体系概念，将绿色交通描述为一个以减少污染排放、提高交通通达度、减少拥堵、降低能源需求，最终能够实现可持续发展的系统，并将步行、自行车、公共交通、汽车合乘、小汽车等交通工具进行优先级排序。其绿色交通体系理念强调了城市交通的"绿色性"，即治理交通拥挤、减少环境污染、促进社会公平和合理利用资源，其本质是建立一个能够维持城市可持续发展的交通体系。

绿色交通理论的核心是资源、环境和系统的可扩展性，不仅关注交通与环境的协调，还包括交通与未来发展、社会和资源的协调，以最少的资源满足交通需求，具有系统性、经济性、环保性和社会可持续性等特征。

这一理念的推广和实施旨在实现健康可持续发展的城市交通系统，以应对城镇化进程中出现的交通、能源和环境问题。

绿色交通系统的发展目标包括功能目标、环境目标和资源消耗目标，旨在提高运输质量，减少对环境的负面影响，并有效利用资源。通过绿色交通体系建设，满足社会经济发展对交通系统的需求，提高交通运输效率，促进交通与土地利用的协调发展；提高公共资源利用效率，降低能源消耗和减少排放造成的环境影响，增加交通出行的选择多样性；提高交通安全水平，完善城市综合交通系统，建立城市交通系统可持续发展的保障体系。

城市规划理论

"15分钟城市（15 – minute City）"是一个以人为本的都市规划概念，由哥伦比亚学者 Carlos Moreno 在 2016 年提出。这一概念的核心理念是，城市中的居民应该能够在 15min 内步行或骑行到达他们的目的地，如商店、学校、公园、医院等。这一理念旨在减少对私人小汽车出行的依赖，鼓励步行和骑行，同时提高城市生活的质量和可持续性。

"15分钟城市"源于对现代城市生活中长时间通勤、高能耗和环境污染问题的反思。随着城市化的加速，越来越多的人居住在高密度、分散化的城市环境中，这导致了严重的交通拥堵、空气污染和生活质量下降。Moreno 提出的这一概念旨在通过重新设计城市空间和基础设施，使城市更加紧凑、连通和宜居，从而提高居民的日常生活效率和幸福感。

1. 邻里单位

邻里单位（Neighborhood Unit，NU）作为"15分钟城市"中的重要概念，对于现代城市规划和设计具有重要影响。美国城市规划师 Perry 早在 1929 年发表的文章中就阐述了邻里单位的概念，并探讨了其在城市规划中的应用和重要性。他强调了邻里单位在提高居民生活质量、增强社区凝聚力和促进可持续发展方面的作用。Jacobs 在其著作中批判了传统的邻里单位规划模式，并提出了更加人性化的城市规划理念。Jacobs 认为邻里单位过于强调秩序和一致性，而忽视了居民的多样性和社区的活力，其提倡更加灵活和人性化的城市规划方法，以适应居民的多样化和动态的需求。Handy 探讨了步行城市的重要性，并提供了关于如何创建步行友好型城市的见解，强调了邻里单位在实现步行城市目标中的作用。他认为邻里单位的设计应该鼓励步行，使居民能够在步行范围内满足大部分日常生活需求。Duany 等人在著作中讨论了美国郊区化的兴起和城市规划的挑战，提出了一种更加人性化和可持续的城市规划方法，即新城市主义，他们认为邻里单位的概念可以被重新解读和应用，以创造更加宜居和可持续的城市环境。Knaap 在其论文中讨论了现代大都市的空间结构，认为邻里单位作为城市空间结构的一个重要组成部分，其在现代城市规划中的重要性非常显著。Batty 在其著作中使用了复杂性科学的方法来对城市规划进行解读，包括邻里单位在城市规划中的重要影响等。

通过上述文献，我们可以看到邻里单位在城市规划中的重要作用和意义。邻里单位的概念强调了以人为本的规划原则，旨在创造更加宜居、连通和可持续的城市环境。

2. 城市基础设施

在"15 分钟城市"概念中，基础设施的规划和设计是实现城市宜居性和可持续性的关键。Moreno 在其论著中详细阐述了城市基础设施在实现这一目标中的重要性，强调了步行和骑行基础设施、公共交通系统、绿色空间和开放空间、教育设施、商业设施和社区设施在城市规划中的作用，以及交通政策在鼓励步行和骑行、限制私人小汽车使用和提供公共交通补贴方面的作用。Handy 在著作中强调了步行和骑行基础设施的重要性，认为城市基础设施的规划和设计应鼓励步行和骑行，使居民能够在步行范围内满足大部分日常生活需求。Hough 在其著作中探讨了香港的城市规划和设计，特别是其独特的步行文化和公共空间，他认为，香港的城市规划和设计体现了"15 分钟城市"的理念，即通过步行和骑行基础设施的建设，创造更加宜居和可持续的城市环境。

"15 分钟城市"概念强调基础设施的规划和设计应以提高居民的生活质量和可持续性为目标。上述标志性文献为"15 分钟城市"从城市基础设施建设视角提供了理论和实践的论证。

3. 政策引导

在"15 分钟城市"的实施过程中，需要政策持续推动城市规划和设计变革，政策引导的作用至关重要。Moreno 在其著作中阐述了政策在实现这一目标中的作用，以及鼓励步行和骑行、限制私人小汽车使用和提供公共交通补贴等政策工具的作用,还有这些政策在提高居民生活质量、减少交通拥堵和空气污染、促进可持续发展方面的意义。Moreno 指出政策引导不仅是推动城市规划和设计变革的关键,也是实现城市可持续发展的重要途径。Handy 在著作中讨论了相关政策在鼓励步行和骑行、限制私人小汽车使用和提供公共交通补贴方面的作用,以及这些政策在提高居民生活质量、减少交通拥堵和空气污染、促进可持续发展方面的意义,认为政策引导在推动城市规划和设计变革中发挥着重要作用,能够为城市带来更加绿色、健康和可持续的发展。Knaap 在其论文中讨论了现代大都市的空间结构,并指出合理的城市规划政策能够引导城市向更加紧凑、连通和可持续的方向发展。Duany 等则指出,合理的城市规划政策能够引导城市向更加人性化、紧凑和可持续的方向发展。Hough 在著作中认为良好的政策引导能够为城市带来更加绿色、健康和可持续的发展。

"15 分钟城市"概念是一种以人为本的都市规划理念,通过创造紧凑、连通和宜居的城市环境,提高居民的生活质量和城市的可持续性,其以邻里单位为基本单元,强调政策和基础设施建设在实现城市宜居性和可持续性方面的作用。这一概念的提出和推广,为城市规划和设计提供了一种新的思考方式,对于解决现代城市交通发展面临的问题具有重要的启示和借鉴意义。

三 绿色消费理论

绿色消费的概念由国际消费者联盟于 1963 年提出。Hails 在 1987 年出版的《绿色消费者指南》中对绿色消费行为进行了定义,认为绿色消费为,不使用有损参与者经济行为的产品,不使用在产品的全生命周期中会产生低效率能源、资源消耗的产品,不使用会在使用过程中产生不必须消费的产品,不使用原材料为珍稀动植物或资源的产品,不使用非人道主义生产的产品,不使用对发展中国家产生负面影响的产品。

联合国环境规划署提出绿色消费的定义,即生产者提供满足消费者基本需求的产品,在此过程中要尽量地节约能源消耗、资源使用,减少有毒固废气体的排放,以此实现在满足现实需求的基础上不影响未来生存环境的发展模式。

绿色消费概念经过多年的发展,各方基本认同绿色消费至少要遵循 5R 原则，即节约资源，减少污染（Reduce）；绿色生活，环保选购（Reevaluate）；重复使用，多次利用（Reuse）；分类回收，再循环（Recycle）；保护自然，万物共存（Rescue）。从绿色消费分类的角度看，绿色消费继续向下进行细分，一般情况下可分为可持续消费、正念消费、政府绿色消费以及道德消费四个领域。

1. 可持续消费

Tripathi 对可持续消费进行了综述，文中提出居民的资源密集型的生活方式催生了不可持续的消费方式，详尽揭示了社会心理因素对消费观念的影响，总结了包括社会、环境、消费活动参与者等 28 个影响可持续消费的自变量，并建议着重研究个人层面以及制度层面因素对可持续消费产生的影响。Peattie 表示传统的市场思维越来越无法应对当前面临的生态、社会和经济现状，并在文中提出了可持续性市场管理的综合方法，强调了可持续性市场管理与传统市场管理的差异性。后又提出发展更具环境可持续性的消费和生产系统取决于消费者参与环保消费行为的意愿，认为新出现的可持续消费是一个受消费者价值观、规范和习惯强烈影响的消费过程，且具有高度复杂性和环境多样性。

2. 正念消费

正念消费是一种在消费过程中更关心对他人、全社会和自然影响的消费心态。Barber 提出正念消费会影响商家的可持续发展路径，这项研究表明，持正念消费观的消费者群体有更强烈的社会责任感，并会寻找具有高社会责任感和环境效益的产品和服务，因此消费品的提供者会据此提供更有利于可持续发展以及环境友好的消费品。Sheth 认为目前的可持续发展战略有三大不足：没有直接关注客户，没有意识到全球过度消费上升带来的紧迫威胁，也没有采取系统性的管理方法。在此基础上，他提出了以正念消费为指导原则的可持续发展方法框架，这种方法重新制定了可持续性指标，着重强调从消费者的环境、个人和经济福祉的角度全面衡量商业行动的结果。我们将引入正念消费的概念作为这一方法的指导原则。

3. 政府绿色消费

Rumpala 提出了随着环境主题的兴起和对可持续发展目标的重视，政府及公共机构对消费领域的影响十分巨大。20 世纪 90 年代起，各国政府在各消费领域都有着深浅不一的相关实践，目的是消除经济活动的相关负面影响，并使其符合可持续性消费的标准。这种行为说明各国政府部门意识到了其在对自然资源和生态环境可持续发展中应承担的责任，从而调整自身的消费、投资习惯。由于政府部门投资、消费巨大，改变其消费习惯的做法会产生多方面影响，一方面会对绿色消费有很强的正向引导及正向促进作用，另一方面也要考虑到其对经济运行成本增加的影响。

4. 道德消费

道德消费指的是出于消费者对社会道德考量而决定的购买或其他的消费经历。Roberts 通过对消费者社会责任行为进行调查研究，同时辅以性别差异性的分析，得出基于道德的消费倾向对经济社会可持续发展有正向影响的结论。Joshi 则是对绿色消费中的消费态度及实际消费行为一致性进行分析，研究了消费者的道德标准对购买绿色产品或服务决策的影响，并对绿色购买行为中消费态度与实际消费不一致的情况提供了可能的解释。

Harrison 在 *The ethical consumer* 一书中提出，目前道德消费所占比例有所增加，影响因素包括科学技术水平的进步、执政以及竞选压力的影响、供需关系的动态发展、全球市场化经济的发展等。

由于出行实际上是一种对出行服务的消费，绿色出行是绿色消费的具体表现形式之一。乘坐公共汽电车是一种消费，自行车出行以及步行广义上也可以视作一种对道路资源的消费，所以从消费角度考虑，绿色出行的相关理论是绿色消费理论的延展，虽然消费的具体表现形式不同，但仍遵循 5R 原则，并可以在可持续消费、正念消费、政府消费、道德消费这几种绿色消费类别里，找到不同绿色出行方式对应的分类。

四 绿色经营理论

根据企业的社会责任感以及社会可持续发展的需要，从 20 世纪起，很多企业开始考虑运营理念的转型，逐渐将发展重点由产品的数量及质量转向在保证产品质量相对不下降的前提下，兼顾生产全过程的"绿色"及"可持续"，尽量做到各种生产资料的节约、能源利用的最大化。生产及服务企业的绿色可持续运营需要兼顾经济运行、生态环境以及全系统的统筹发展，将可持续发展的理念运用于企业提供产品、服务的全流程中。现阶段对生产、服务供给企业的绿色可持续运营管理理论仍处于发展完善阶段。

Kleindorfer 在 *Sustainable operations management* 中提出将企业利润、企业职工以及企业生产环境三重底线理论作为企业运营的基础，并基于这三大基础提出了企业绿色可持续运营的基本理论。

Xiao Chengyong 提出了在新兴市场的形势背景下，可持续性和其他企业发展目标并不总能互相兼容的观点，尤其是在新兴市场背景下，明确了在考虑绿色可持续经营发展的过程中不能忽略生产成本提升造成的一系列问题。Sanders 指出可持续发展已成为企业的一项任务。首先，要认识到全球供应链对可持续性有着深远影响，这需要对整个供应链进行"绿色化"。其次，应当重视技术发展的重要性，数字化、人工智能和大数据在公司组织和管理的各个方面均产生影响，进而对企业的可持续发展造成巨大影响。Wendy 指出三重底线理论经过多年发展，其管理理论和实践在经济和环境层面得到了较为广泛的应用，但在社会层面仍需进一步探索。该文章重新从资源型角度和自然资源型角度审视企业运营，为探索如何解决社会层面问题提供了理论依据，同时强调了企业的社会责任。

一些研究集中在可持续运营管理理论的概念框架上。Rameshwar 提出了一个包括领导力、供应商关系和总质量在内的理论体系，用以探索可持续运营管理中供应链参与者之间的关系。结果表明，保持良好的供应商关系和建立全面的质量政策，有助于企业实现可持续发展。Hussai 对如何在保持可持续发展的同时提高生产力和盈利能力，提出了定量、定性相结合的分析框架模型，并对模型进行了可行性验证，完善了绿色可持续运营的理论。Camuffo 从职工角度对绿色可持续运营进行研究，主要通过回归分析对可持续运营与生产安全、职工能力发展等关键要素之间的关系进行了分析和讨论。Liotta 从可持续发展的角度出发，提出了一个基于优化和仿真的方法，目标函数考虑了供应、生产、运输和二氧化碳排放成本，以及多式联运网络的协作。该方法可以有效地用于企业分析成本－碳排放权衡、需求不确定性的影响，以及协同分配策略对经济和环境绩效的影响。Agrawal 研究得出，作为经营企业，为了满足绿色可持续经营需求，必须制定绿色优先的经营政策，且这些政策能够影响下游消费者以及上游供应商的交易策略，从而推动产业链整体的绿色可持续发展。

绿色经营理论对于规模化绿色出行方式的提供方，如公共汽电车、城市轨道交通运营方，共享单车运营方等均有着直接的指导意义。并且随着绿色出行的外延不断扩大，绿色出行的经营者从最初仅限于公共交通运营方，扩展到包括共享单车运营方、车路协同运营方、智能充电系统运营方等多种运营主体，因此，在出行领域的绿色经营理论也在不断地扩展完善。在相关理论不断更新演变中，考虑供应链上下游的全链条绿色经营理论是基本不变的研究基础及理论内核。

五 绿色出行方式选择的相关研究综述

从绿色出行与出行主体的关系角度出发，绿色出行实质上是一种出行方式选择的行为。出行者在综合考虑政策影响、实际出行需求、经济水平、道德情感等因素后，在不同的出行方式中选择了绿色出行。当对绿色出行进行分析研究时，应充分参考现有的出行方式选择相关研究及理论。

根据现有的研究结果，出行方式选择主要受到两个方面的影响，一是与出行有关政策的影响，包括引导小汽车的使用政策、鼓励公共交通出行政策等；二是个人的主观情感影响，主要体现在出行者的社会责任感、利他主义心态影响等。

1. 绿色出行政策对出行方式选择的影响

目前多数国家或地区的绿色出行政策均为城市交通的绿色出行政策，城际绿色出行相关政策较少。针对城市交通的绿色出行政策多从引导小汽车出行以及鼓励公共交通出行两个方面进行制定，相关理论研究也从这两个方面进行开展。

国际方面，Hunecke 对公共交通价格制定政策进行了分析。该研究进行了比较全面的实验模拟，通过调节公共交通票价的方式对出行者的出行方式选择进行研究。研究结果表明，公共交通价格因素以及社会道德环境的影响形成的综合机制是出行方式选择的决定因素。Hickman 对减少出行二氧化碳排放的各种政策集合、发展情景和实施途径进行分析，提出了战略性的减碳目标，是在广泛的政策机制背景下采取更有效的行动，其中最关键的问题是与各利益相关方以及公众进行沟通。Limtanakool 等对土地开发政策进行了分析，其研究对象为中长途出行的出行方式选择。研究结果表明，在出行者经济能力不变的情况下，土地开发政策对不同出行者中长途出行模式选择的差异有着直接影响。Barla 对能源税收政策进行了分析。分析结果表明，应建立有效的合作机制，通过统一的能源税收政策弥补交通出行的环境外部性，并表明额外的能源税收可以对小汽车出行起到一定程度的引导作用。Sardianou 对节能环保政策进行了分析。分析结果表明，节能环保政策是实现可持续发展以及保持出行质量的主要先决条件之一，环境信息反馈和能源问题意识等变量会影响出行者的出行选择，并据此制定了一个节能政策框架。Lam 对新加坡的出行政策进行了系统性的梳理，包括区域许可证计划、车辆配额制度、电子道路定价系统等，论述表明在各种政策的共同影响下，新加坡的出行结构发生了改变，对可持续发展起到了积极影响。

国内方面，Yang 对使用小汽车额外收费政策进行了分析，利用北京市的交通调查数据描述了居住地点、出行方式和出发时间对出行方式选择的共同影响。研究结果表明，当外生变量发生变化时，出行者会首先改变出发时间，然后改变出行方式，最后改变居住地点。此外，弹性分析结果表明，对于长途通勤，即使对小汽车使用者征收额外费用，也很难减少小汽车出行，而对于通勤距离在 10~20km 的出行者来说，这种政策对出行方式选择的影响很大。Yang 对公共自行车出行政策进行了研究。研究结果表明，环境责任感、公共交通系统的改善、与公共自行车有关的健康和安全因素的提升对绿色交通方式的选择有积极影响，并据此提出了改进公共自行车出行政策的相关建议。Lu 对 2008 年奥运会期间以及后续的限号政策进行分析。分析表明限号政策明显改善了限制区的空气质量，同时，由于限号政策强制改变了出行方式的选择，增加了公共交通的使用，对缓解交通拥堵起到了正向作用。Liu 对北京限号政策进行了分析。研究结果表明，限制驾驶显著降低了空气污染，并说明了限号对小汽车出行产生了抑制作用，提升了公共交通出行比例，改善了空气质量和居民健康。

2. 主观情感倾向对出行方式选择的影响

从社会价值的角度看，VanVugt 对出行者自身的社会价值取向给出行方式选择带来的影响进行了分析，结论为出行者的出行偏好受到社会价值取向个体差异的影响非常大，与更加注重自身感受的出行者相比，更加注重社会道德的出行者对公共交通出行表现出更大的偏好。而后又研究了社会价值取向在出行行为选择中的作用，其研究结果与上述同类研究结果相似，持有更倾向于社会整体效应最大化价值取向的出行者，更倾向于选择公共交通等绿色出行方式。Joireman 对社会整体价值观影响以及环保理念对出行方式选择的影响进行分析。研究结果表明，社会整体价值观对出行方式选择基本没有影响，正确的环保理念传播对出行方式选择有较大影响。Iosifidi 对环保意识给出行方式选择带来的影响进行了研究。研究结果表明，有环保意识的家庭愿意在出行时间与环境质量的改善之间进行权衡，其更倾向于选择绿色出行方式进行通勤。Antimova 从个人、人际和社区三个层面分析了一系列的研究理论方法，并将这些理论与现有的关于出行行为选择研究相联系。研究结果表明，现有的出行行为选择理论方法与现有的社区行为学理论方法存在一定的分歧。

从个人情绪价值角度看，Morris 对出行者情绪引导政策进行了分析。通过调查研究的方法，对不同出行方式所带来的情绪反馈进行了研究。研究结果表明，同为绿色出行，骑行所带来的情绪反馈更加积极，公共汽车带来的情绪反馈更加消极，小汽车出行处于二者之间，这种情绪反馈会影响出行者的出行选择。Gärling 对个人理念与出行行为选择进行了分析，包括环保行为、利己主义、社会利他主义、环境后果意识、个人规范、责任归属等，结果显示持利他主义的出行者会因社会责任感等因素影响出行方式的选择，而持利己主义观点的出行者受外部影响较小。Anable 对出行选择行为的研究进行了概述，涵盖了环境心理学、公众对科学的理解、旅行行为研究、市场营销和社会学的相关文献，结论为气候变化宣传对于出行行为影响较小，需要以新的方式让出行者参与到交通和气候变化问题中，而不是使用自上而下强行推广的方法。Poortinga 对生活质量给出行方式选择的影响进行研究，在研究中将描述生活质量的 22 个影响因素提炼为 7 个可量化的价值维度。研究结果表明，不同生活质量对出行方式选择是有影响的，但未更深层次探究具体影响机理。

第三节　发展绿色出行产生的效益

一是降低社会运行成本。发展绿色出行能够缓解交通拥堵，提高社会运行效率，降低运行成本。基础设施的建设和维护成本，以及自行车的使用维护费用比小汽车低很多。据欧盟委员会测算，欧盟国家每年交通拥堵造成的经济损失近1000亿欧元，约占欧盟GDP的1%。促进步行和自行车交通发展，可以有效地提高公共交通的运行效率，提升城市公共交通的竞争力。哥本哈根市的研究显示，自行车出行产生社会净收益为0.21美元/km，而小汽车则为-0.12美元/km。同时，步行和自行车交通能够改善民众健康水平，降低公共卫生投入。城市公交坚持公益性定位，实行低票价政策。世界卫生组织对奥地利自行车出行模式进行了评估，得到骑行出行比例增加，每年可以挽救400余条生命。由于死亡率的降低，相应地奥地利平均每年节省的资金估计为4.05亿欧元。

二是激发社会经济活力。发展步行和骑行能够促进消费，增加弱势群体的就业机会和收入水平，激发社会经济活力。欧盟委员会的研究表明，慢行交通设施得到改善后，土地租金和市场效益得到明显改善。徒步、自行车旅游休闲等是相关产业的发展引擎。2016年，欧洲自行车市场的价值估计为132亿欧元。欧盟国家每年自行车旅游创造440亿欧元经济收入和52万个就业岗位。

三是吸引更多商业投资。高质量的公共领域也明显具有商业价值，可以吸引投资商来进行新的城市住宅、零售业和商业地产开发。伦敦的主要开发商已经投入了大量资金来改善绿色模式到达其场地的通道（如修建新的铁路车站和自行车网络），并且改善周围街道网络的外貌。城市公共交通投资具有经济社会效益回报率高的特点。2009年美国公共交通协会的研究显示，1美元的城市公共交通投资可以产生4美元的经济收益；10亿美元的城市公共交通投资可以提供3.6万个工作岗位，产生36亿美元销售收入，为联邦、州和地方政府带来5亿美元的税收。

四是产生土地增值效益。城市轨道交通的发展带来了土地增值效益，而城市轨道交通土地增值效益是通过城市轨道交通带来的沿线房地产升值（价格或租金）来体现的，同时，还包括人流密集带来的商业机会，此类外部性的主要受益者是沿线房地产所有者。为了将沿线土地的溢价返还给城市轨道交通投资者，一些城市创新了基于土地储备的城市轨道交通开发模式，例如武汉、济南、石家庄等城市。在土地储备模式中，政府将沿线特定地块的储备划拨给轨道交通公司作为资本投入，轨道交通公司拍卖土地获取土地增值的收益，以定向补充投资方的收益。

社会效益

一是改善社会发展环境。城市发展规模和密度与绿色出行的发展密切相关,同时可以刺激生产力。城市规模和密度与生产力衡量标准之间存在着密切的正相关性,包括就业率、利润空间等。在城市区域内,由于小汽车的高强度、高集中使用,挤压占用了大量公共空间,导致城市空间环境恶化。由于意识到发展小汽车问题的严重性,自20世纪70年代以来,许多欧洲城市通过限制小汽车进入核心区、降低行驶车速、控制中心城区停车泊位等方式,重塑了欧洲城市由步行、自行车和公共交通构成的人性化出行环境,进而搭建了富有活力的城市公共空间。绿色出行分担率高的城市往往严重交通事故比例会相对较低。例如,丹麦每百万公里自行车死亡人数约为英国的1/3,得益于良好的慢行交通出行环境。哥本哈根成为世界范围内被公认的"人性化城市",儿童能放心地在街道上通行,老年人可安全地骑车出行。因此,应着重加强引导小汽车的合理使用,大力发展绿色出行方式,让城市环境更清洁、公共空间更人性,以实现打造全龄友好的宜居城市。

二是提升居民生活品质。绿色出行分担率较高的城市,小汽车出行量少,日常生活和通勤受到小汽车拥堵的干扰现象较少,人们能够安全、便捷、舒适地步行和骑行,同时,能够随时享受步行和骑行带来的休闲乐趣和运动娱乐,绿色出行成为市民高品质生活方式的重要特征。18岁以上的荷兰居民中有2/3认为骑自行车很开心。与开车上班的人相比,步行或骑自行车上班的人往往感觉更满足,压力更小,更放松,体验更大的自由。

三是提供就业机会。在城市绿色出行领域,借助移动互联网技术的发展,互联网租赁自行车等新业态应运而生,丰富了城市范围内的出行方式选择,同时也提供了许多就业机会。据统计,自2015年互联网租赁自行车在我国发展以来,先后有74家运营企业进入市场。当前市场份额最大的三家运营企业是哈啰单车、美团单车、青桔单车,已在460余个城市投放运营车辆,在营车辆合计1500余万辆,从业人员超过10万人。很多欧洲国家则通过自行车出行服务,尤其是自行车旅游相关产业,创造了很多就业岗位。

三 环境效益

一是产生显著的节能降碳效益。城市绿色出行方式属于低碳或零碳交通方式，发展绿色出行将产生显著的减碳效益。国内外经验表明，绿色出行方式的二氧化碳排放强度都比较低。城市轨道交通、常规地面公交、小汽车的单位碳排放比分别为1∶17∶99，即投入同样的能源和通行空间资源，公共交通运输方式具有节能低碳的明显优势。因此，在城市内应保障公共交通、自行车、步行优先发展，构建结构合理的城市综合交通体系。与汽油小汽车相比，纯电动小汽车也具有节能降碳优势（图1-3）。

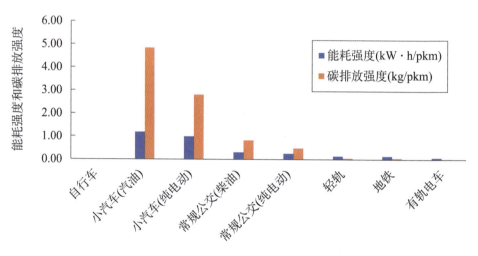

图1-3 不同城市交通方式的能耗和碳排放特性

二是产生显著的污染减排效益。公交领域是我国新能源车辆推广的主阵地，新能源公交车从2014年的3.7万辆增加到2023年的55.4万辆，增长了14倍，在全国公共汽电车中占比达到81.2%。发展新能源公交车辆，实现了一氧化碳、碳氢化合物、氮氧化物、颗粒物等污染物的零排放，污染减排效益十分显著。根据欧洲城市经验，更多步行和自行车交通出行，意味着小汽车交通的大量减少，将产生显著的污染减排效益。欧盟国家统计，通过骑自行车每年减少空气污染的价值为4.35亿欧元。

四 健康效益

步行和骑自行车作为重要的城市绿色出行方式之一,这种无外力辅助的交通方式也被称为主动的出行方式(Active Mobility)。步行和骑自行车既是适合短距离出行独立的交通方式,又是乘坐城市公共交通出行在"最先和最后一公里"出行中的配合方式。同时,步行和骑自行车也是一种运动休闲方式,可以很好地把日常出行和身心锻炼结合起来,非常有益于身心健康。大量的研究证明,规律、适量的步行和骑行可以明显改善人们的身心健康水平,有助于预防心血管疾病、糖尿病等大量严重慢性疾病,防止肥胖和其他因生活方式造成的身体问题出现,对改善个人心理健康和神经疾患大有益处,明显降低抑郁症、阿尔茨海默病等疾病风险。规律、适量的步行和骑行可以显著延长健康人的预期寿命。例如,每天骑自行车30min,就可以将患心血管疾病的风险降低50%以上,每天骑自行车上下班的成年人死亡率降低30%。

绿色出行方式的健康效益正在得到越来越多国家的认可,并且纳入绿色出行方案的交通评估中。澳大利亚在2013年的一项研究表明,以"主动式"交通出行的单个出行者步行每公里的潜在效益为1.68澳元,自行车出行每公里为1.12澳元,这并不包括卫生服务节省的成本以及交通拥堵和空气污染减轻的效益。《伦敦市长交通战略》中提到积极出行的健康益处,如果每个伦敦市民每天步行或骑行20min,这将大幅降低其个人健康风险。身体健康和心理健康相辅相成,可以降低慢性疾病和早逝风险。步行和骑行可以改善情绪,缓解压力、焦虑及抑郁症状。荷兰对其推行的骑行政策所带来的健康效益进行评估后发现,政策实施预计每天鼓励50万人采用骑行方式替代机动车出行,因该措施带来的身体活动水平上升,预计可增加3~14个月的平均寿命,而带来的空气污染物吸入剂量增长以及交通事故发生概率上升,分别仅会导致同期平均0.8~40天和平均5~9天的寿命减少,所以该政策实施能带来十分显著的健康效益。

第四节 绿色出行发展历程

在城市交通发展过程中，城市绿色出行在缓解交通拥堵、转变城市交通发展方式、促进城市交通节能降碳以及在提升公众健康方面发挥着重要作用。参照国内外学者的科研成果，通过对世界各国城市交通出行方式变化过程分析，可以把绿色出行的发展历程大致划分为五个阶段。

第一阶段：慢行交通出行主导阶段。

选择步行和自行车等绿色出行方式。这个阶段处于小汽车出现之前及小汽车发展初期，公共交通有了一定的发展，私人交通工具发展刚刚起步尚未形成规模，由于机动化水平较低、供给不足的客观条件，居民主要依靠步行和自行车出行，每家每户至少拥有 1 辆自行车，但同时机动车拥有量较低，每千人仅拥有约 3 辆机动车。1985 年，北京市自行车数量达到 280 万辆，慢行出行比例约为 69%，公交出行比例为 26%，小汽车出行比例不足 5%。

第二阶段：公共交通和慢行交通为主导的初期发展阶段。

常规交通在大型以上城市逐步普及，城市轨道交通发展较少，私人交通工具仍发展较慢，公交与慢行交通相结合的出行方式成为居民出行的主导方式。由于私人交通工具的普及度不高，与其相比，城市公共交通仍有显著的竞争优势。如 2005 年中国人均 GDP 约为 1700 美元时，每千人拥有机动车数量为 22 辆。此时，北京市"公共交通 + 步行 + 自行车"出行比例达 60% 以上。其中，自行车分担率占 30.3%，公交分担率占 29.8%。在此阶段，由于长期以来道路基础设施存在巨大缺口，供求不平衡的矛盾已开始凸显。即使当时机动化总体水平较低，公交与慢行交通相结合的出行方式基本能满足日常出行需求，但交通拥堵初露端倪。

第三阶段：公共交通与私人小汽车出行持续增长，交通拥堵不断蔓延阶段。

在经济快速增长阶段，城市交通机动化的整体水平快速提升。如 2006—2010 年，中国人均 GDP 由 2054 美元增长到 4421 美元，四年间人均 GDP 涨了一倍多，每千人拥有机动车数量也翻倍增长，由 23 辆增长到 59 辆。2010 年，北京市公交出行比例为 38.7%，比 2005 年增加 8.9%，小汽车出行比例为 34.2%，比 2005 年增长 4.4%。自行车出行比例为

16.4%，比 2005 年下降了约 14%，平均每年下降 3%。在此阶段，城市公共交通与私人交通工具之间的竞争非常激烈，公共交通优先发展已基本得到认可，高峰期城市交通拥堵不断蔓延，大型以上城市开始实施需求管理措施，并取得了较好效果，公共自行车、共享单车的出现对遏制慢行出行比例下降发挥了一定作用，但总体上城市交通仍处于一个艰难的发展期。

第四阶段：公共交通与私人小汽车增长趋于平稳，交通拥堵逐步缓解阶段。

当经济处于较高水平时，机动化的增长速度趋于平稳。例如，法国 2006 年千人小汽车拥有量为 595 辆，2010 年千人小汽车拥有量为 599 辆，几乎没有变化。通过实施绿色低碳发展政策，公共交通和慢行交通受到高度重视，并得到快速发展，公共交通、慢行交通等绿色出行系统实现一体化发展且达到一定水平，交通出行结构优化调整成效显著。在此阶段，发达国家城市的公交与小汽车的出行比例双双增长变缓，大型以上城市都实施了需求管理措施，慢行交通设施更加完善，绿色出行理念逐步普及，"城市公共交通+步行/自行车"为主体的绿色出行系统基本形成，交通拥堵逐步缓解，城市交通出行更加便捷、通畅、高效、低碳。

第五阶段：公共交通和慢行交通为主导的现代化绿色出行系统成熟阶段。

受交通拥堵、空气质量要求等因素影响，绿色出行理念深入人心，又重新回归到了公共交通和慢行交通相结合的方式。最典型的案例是英国伦敦。近十年来，伦敦致力于建设"公共交通+慢行交通"主导的现代化绿色出行系统，采取了建设宜居城市、发展公交小区、重新分配道路空间资源（建设步行街、修建自行车专用道等）、提高公共交通服务质量等一系列优先发展绿色出行的举措，同时实施了严格的低排放区收费与交通拥堵区收费政策，使绿色出行比例有显著提升。5% 的伦敦市民从小汽车使用者转为公共交通使用者；地铁出行比例每年增加 7%；公共汽电车出行比例增加 40%；自行车出行比例增加 90%。在此阶段，常态化的交通拥堵已基本消除，绿色出行比例达到 80% 以上。

改革开放以来，通过不断解放思想、深化改革，我国持续推进城市绿色出行系统建设。根据绿色出行的发展阶段划分理论，结合我国与发达国家机动化程度与城市公交发展水平对比等因素，可以判断：总体来说，我

国大多数城市仍处于第三阶段，即公共交通与私人小汽车出行持续增长，交通拥堵不断蔓延阶段。多数发达国家城市和我国少数城市已进入第四阶段，伦敦、首尔、东京等发达城市或公交都市已进入第五阶段，即"公共交通和慢行交通"为主导的现代化绿色出行系统成熟阶段。

第五节 我国绿色出行发展的宏观环境与机遇

党的二十大报告提出，"推动经济社会发展绿色化、低碳化是实现高质量发展的关键环节"，要加快发展方式绿色转型，推动形成绿色低碳的生产方式和生活方式。自党的十八大以来，各级政府积极出台政策，将绿色出行作为高质量发展城市交通的重要工作内容，要求聚焦运输结构调整、配套政策完善、绿色出行方式形成等方面，切实推动交通运输行业转型升级、提质增效。

1. 推进中国式现代化

推进中国式现代化，要求进一步加快城市公共交通现代化。2021年10月，在北京召开的第二届联合国全球可持续交通大会上，习近平总书记提出"交通成为中国现代化的开路先锋"。党的二十大报告提出"以中国式现代化全面推进中华民族伟大复兴"。党的十八大以来，我国城市公共交通行业持续为中国式现代化提供了创新动能和基础保障，为人民群众提供了高品质的城市交通出行服务。从城市交通的构成要素入手，深入贯彻落实公交优先发展战略，分步骤、分领域推进城市交通现代化，重点包括交通基础设施现代化、技术装备现代化、运输服务现代化、行业治理现代化、人才队伍现代化等。

2. 服务新型城镇化建设

推进新型城镇化和区域协调发展，要求进一步推进城市群都市圈交通一体化发展。2021年3月印发的《中华人民共和国国民经济和社会发展第十四个五年规划和2035年远景目标纲要》中提出要发展壮大城市群和都市圈，分类引导大中小城市发展方向和建设重点，形成疏密有致、分工协作、功能完善的城镇化空间格局。当前，城镇化速度从高速增长转向中高速增长，城市发展转向规模扩张和质量提升并重阶段，城市基础设施、公共服务等水平不能适应城市化快速发展需要，城市拥堵等"城市病"问题从特大城市和大城市向中小城市蔓延。新形势下，城市公共交通发展要更加注重战略性，跳出行业看行业，形成更加契合国家战略部署的发展目标和重要举措；要更加注重系统性，推进交通基础设施网络化、运输服务一体化，提升建设、管理和服务的系统性；要更加注重创新性，加快城市交通新技术新模式应用、新业态发展；要更加注重稳定性，加快构建结构稳定、机制灵活、反应迅速的城市公共交通应急保障体系。

3. 交通强国建设

建设交通强国是以习近平同志为核心的党中央立足国情、着眼全局、面向未来作出的重大战略决策，是建设现代化经济体系的先行领域，是全面建成社会主义现代化强国的重要支撑，是新时代做好交通工作的总抓手。2019年印发的《交通强国建设纲要》提出了"到2035年，基本建成交通强国。智能、平安、绿色、共享交通发展水平明显提高""到本世纪中叶，全面建成人民满意、保障有力、世界前列的交通强国。基础设施规模质量、技术装备、科技创新能力、智能化与绿色化水平位居世界前列"的目标，其中特别提出了要开展绿色出行行动，倡导绿色低碳的出行理念，描绘了交通运输发展的宏伟蓝图，也开启了我国交通运输绿色发展新征程。站在建设交通强国的新起点上，城市绿色出行发展须在提升城市绿色出行效率和服务水平上下功夫，增强绿色出行方式的吸引力，更好服务人民群众、满足人民美好生活需要，有力支撑加快建设交通强国。

4. 贯彻落实碳达峰碳中和战略

完成国家碳达峰碳中和目标，要求进一步加快绿色出行发展进程。在我国快速城镇化的背景下，人口增加和城市规模扩张等因素导致城市交通碳排放快速增长，加快绿色出行发展进程已成为贯彻落实党中央、国务院碳达峰碳中和决策部署、推动实现城市交通高质量发展的迫切要求。2021年9月，《中共中央 国务院关于完整准确全面贯彻新发展理念做好碳达峰碳中和工作的意见》中提出要"推广节能低碳型交通工具，积极引导低碳出行。加快城市轨道交通、公交专用道、快速公交系统等大容量公共交通基础设施建设，加强自行车专用道和行人步道等城市慢行系统建设"。同年10月，《国务院关于印发2030年前碳达峰行动方案的通知》（国发〔2021〕23号）中提出了在"十四五"期间，绿色生产生活方式得到普遍

推行，到 2030 年，城区常住人口 100 万以上的城市绿色出行比例不低于 70%，绿色生活方式成为公众自觉选择的目标。2022 年 4 月，交通运输部等四部门联合发布《贯彻落实〈中共中央 国务院关于完整准确全面贯彻新发展理念做好碳达峰碳中和工作的意见〉的实施意见》（交规划发〔2022〕56 号），为加快推进交通运输绿色低碳转型，切实做好碳达峰碳中和交通运输工作明确方向，其中明确了"优先发展公共交通，完善城市公共交通服务网络，提高公共交通供给能力，鼓励运输企业积极拓展多样化公共交通服务。推动自行车、步行等城市慢行系统发展，加快转变城市交通发展方式，综合施策，加大城市交通拥堵治理力度"。

5. 贯彻落实公交优先发展战略

城市公交是保障城市正常运转和广大人民群众出行的基本公共服务。2012 年 12 月，国务院出台了《城市优先发展公共交通的指导意见》（国发〔2012〕64 号），提出"加快转变城市交通发展方式，突出城市公共交通的公益属性，将公共交通发展放在城市交通发展的首要位置，着力提升城市公共交通保障水平"。作为推动城市优先发展公共交通的顶层文件，推动各地全面落实城市公共交通优先发展战略，加快推动城市交通高质量发展，取得了显著成效。2013 年 6 月，交通运输部印发了《贯彻落实〈国务院关于城市优先发展公共交通的指导意见〉的实施意见》，进一步推进城市公共交通优先发展，并明确了城市公共交通发展的总体目标。

为进一步落实公交优先发展战略，交通运输部自 2011 年起先后组织开展了四批国家公交都市建设示范工程，对于推进实施公交优先发展战略发挥了重要示范引领作用。创建城市覆盖 30 个省（自治区、直辖市），共计 117 个城市。全国 36 个中心城市中，包括 4 个直辖市在内的 32 个城市被命名为示范城市，100 万~500 万人口的 85 个大城市中，已有 22 个城市被命名为示范城市。国家公交都市建设已成为推动城市公共交通优先发展的重要载体。

6. 开展绿色出行创建行动

为加快绿色出行发展，2019 年 6 月，交通运输部等十二部门共同印发了《绿色出行行动计划（2019—2022 年）》（交运发〔2019〕70 号），提出要提高公交供给能力、运营速度和公众的出行体验，并优化慢行交通系统服务、推进实施交通需求管理策略、提升绿色出行装备水平等。

为贯彻落实习近平生态文明思想和党的十九大关于开展绿色出行行动等决策部署，2020年7月，《交通运输部 国家发展改革委关于印发〈绿色出行创建行动方案〉的通知》（交运函〔2020〕490号）印发。该方案提出以直辖市、省会城市、计划单列市、国家公交都市创建城市、其他城区人口100万以上的城市作为创建对象，鼓励周边中小城镇参与绿色出行创建行动。通过开展绿色出行创建行动，倡导简约适度、绿色低碳的生活方式，引导公众出行优先选择公共交通、步行和自行车等绿色出行方式，降低小汽车通行总量，整体提升我国各城市的绿色出行水平。绿色出行创建行动提出的目标包括"到2022年，力争60%以上的创建城市绿色出行比例达到70%以上，绿色出行服务满意率不低于80%"。

7. 发展共享经济

互联网租赁自行车是城市交通行业在共享经济发展下的一种新业态、新模式。在互联网租赁自行车行业发展初期，由于激烈的行业竞争、资本投入等原因，出现了快速扩张、抢占市场、无序投放的现象。城市交通行业管理尚处于摸索阶段，导致行业出现企业主体责任落实不到位、车辆乱停乱放、用户资金安全难以保障等问题。在此背景下，各级行业管理部门研究制定相关政策文件，取得了积极效果。

在国家层面，2017年，交通运输部牵头印发的《关于鼓励和规范互联网租赁自行车发展的指导意见》是互联网租赁自行车行业首部管理政策文件，其中明确了互联网租赁自行车的发展定位和基本原则，针对行业发展存在的突出问题，从实施鼓励发展政策、规范运营服务行为、保障用户资金和网络信息安全、营造良好发展环境四个方面提出了16项具体政策措施，明确各方职责，鼓励政府、企业、社会组织和公众共参共治；也对互联网租赁自行车行业在城市交通中的作用予以肯定：互联网租赁自行车"更好地满足公众出行需求、有效解决城市交通出行'最后一公里'问题、缓解城市交通拥堵、构建绿色出行体系等方面发挥了积极作用，推动了分享经济发展"。2019年，交通运输部牵头印发了《交通运输新业态用户资金管理办法（试行）》（交运规〔2022〕3号），针对互联网租赁自行车等新业态建立了用户资金监督管理工作机制。为有效落实运营企业的主体责任，对运营企业加强用户资金管理提出了要求。此后在文件修订中又进一步完善了用户资金管理，增加了信用管理措施。

在地方层面，截至 2023 年底，全国已有北京、天津、河北、上海、云南、陕西等 10 余个省级行业管理部门印发了实施意见，并有 130 个城市已出台市级或区（县）级相关政策文件，印发部门包括市人民政府、交通运输局、城市管理局等，除了管理暂行办法外，还包括考核办法、备案通知等。同时，一些城市政府在运营服务质量考核、规范停放秩序、行业信用管理方面出台具体文件进一步规范行业秩序。

第二章

我国绿色出行发展现状、经验与挑战

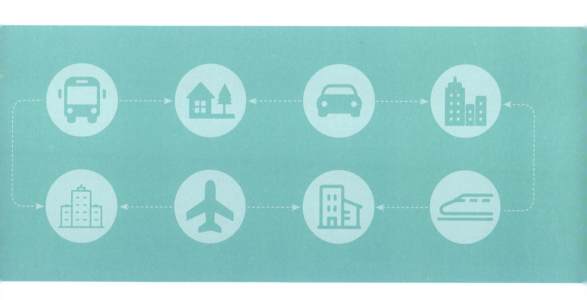

第二章 我国绿色出行发展现状、经验与挑战

第一节 绿色出行发展现状

一、城市道路

近十多年来，我国城市道路里程一直处于稳定增长的态势，2018—2021 年全国城市道路里程更是有着较为明显的涨幅。2022 年，全国道路里程为 552162.72km。其中北京、天津、上海、重庆 4 个直辖市的道路里程分别为 8681.35km、9669.05km、5988.00km、12530.92km。城市道路里程及其增长率如图 2-1 所示。

图 2-1 2011—2022 年城市道路里程及其增长率

从城市层面看，2023 年度我国 36 个直辖市、省会城市、计划单列市的平均道路网密度为 6.5km/km^2，其中，超大型城市、特大型城市、Ⅰ 型大城市、Ⅱ 型大城市平均道路网密度分别为 7.7km/km^2、6.3km/km^2、6.7km/km^2、5.4km/km^2。尤其深圳、厦门和成都的城市道路网密度分别已达到 9.9km/km^2、8.8km/km^2、8.7km/km^2，以呼和浩特、重庆、海口为代表的 13 个城市的道路网密度近五年累计增长超过 10%。

运输装备

1. 公共汽电车

城市公交是新能源车辆推广的主阵地和排头兵。近年来，随着城市公交行业积极转型升级，城市公交电动化水平快速提升。截至2023年底，全国城市公共汽电车运营车辆数达68.25万辆，较2011年底增长50.6%；公共汽电车运营线路达7.98万条，线路长度达173.39万km，较2011年分别增长了122.51%和157.68%。在"十三五"时期，城市公交行业大力推广新能源汽车应用，新能源公交车辆保有量快速增长，2022年和2023年分别达到了54.26万辆、55.44万辆，2023年新能源公交车占全国城市公共汽电车运营车辆总数的81.2%。同时，柴油、天然气等传统燃料车型的占比继续下降。不同能源类型的公共汽电车比例变化情况如图2-2所示。

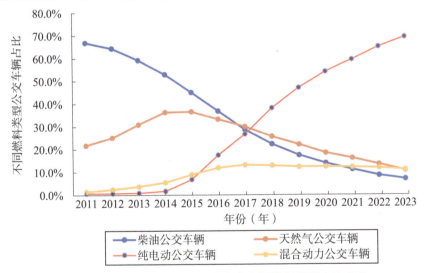

图2-2　2011—2023年公共汽电车主要燃料类型占比变化

从城市层面看，百余个城市通过国家公交都市建设推动绿色车辆装备快速提质升级。截至2023年底，已通过验收的74个国家公交都市建设示范城市中，绿色公共交通车辆比例由创建初期的64.17%增长到92.92%。湖南、广东省新能源车辆数量占比均已超过90%，深圳成为首个实现城市公交全面纯电动化的城市。

2. 城市轨道交通

截至2023年底，全国城市轨道交通运营线路共计开设308条，运营里程达到 10158.6km，较 2011 年翻了约六番，城市轨道交通运营里程及在建里程均居世界第一。全国城市轨道交通车站总数达 5923 个，配属车辆共计 6.67 万辆，与 2011 年相比增长了 570%。其中，地铁运营里程占比最大，达到 9042.3km，轻轨为 267.5km，单轨为 144.7km，有轨电车为 443.4km，磁悬浮为 57.8km，自动导向为 6.0km，市域快速轨道为 196.9km。截至 2023 年底，我国共有 55 个城市开通了城市轨道交通线路，2011—2023 年城市轨道交通运营里程变化情况如图 2-3 所示。

图 2-3　2011—2023 年城市轨道交通运营里程变化情况

从城市层面看，北京、上海、广州、成都的轨道交通运营里程位于全国前列，里程数分别达到 836.0km、831.0km、674.8km、601.7km。此外，重庆、深圳、杭州、青岛、福州等城市轨道交通运营里程增长较快，年新增里程均超过 50km。

3. 出租汽车

截至 2023 年底，我国拥有巡游出租汽车 136.74 万辆，比 2022 年新增 0.54 万辆，同比增长 0.4%，其中，新能源出租汽车（纯电动汽车和混合动力汽车）41.72 万辆，比 2022 年增加 11.76 万辆，同比增长 39.3%。2018—2021 年我国出租汽车营运车辆规模总体保持稳定，2022 年车辆规模出现明显下降，2023 年又出现小幅回升。2018—2023 年我国出租汽车营运车辆规模变化情况如图 2-4 所示。

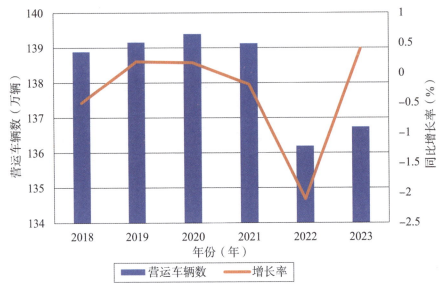

图 2-4　2018—2023 年我国出租汽车营运车辆变化情况

4. 小汽车

随着经济的发展和道路建设范围的扩大，小汽车快速进入家庭，已成为城市交通体系中的一种重要交通方式。截至 2023 年底，全国有 94 个城市的汽车保有量超过百万辆，其中，成都、北京、重庆、上海、苏州 5 个城市超过 500 万辆。以私人小汽车保有量指标来说明，截至 2023 年底，我国私人小汽车保有量为 17541 万辆，2011—2023 年年均增长率达 7.7%，私人小汽车保有量发展情况如图 2-5 所示。

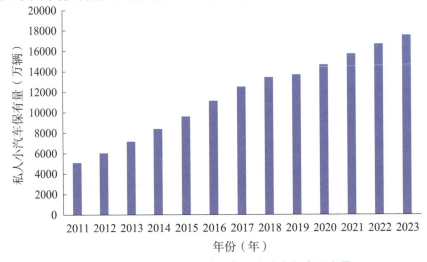

图 2-5　2011—2023 年我国私人小汽车保有量发展

第二章　我国绿色出行发展现状、经验与挑战

"十二五"以来，通过不断完善政策和标准，我国加大了新能源汽车的推广力度。2012—2023 年我国新能源汽车销量快速增长，新能源汽车销量占比已由 2012 年的 0.07% 增长到 2023 年的 31.6%（图 2-6）。数据显示，消费者对新能源汽车的接受度已从 2017 年的 20% 提升至 2021 年的 63%。

图 2-6　2012—2023 年我国新能源汽车销量增长

三　服务水平

城市公共交通是一种高效集约的出行方式，其中城市公共汽电车、城市轨道交通均为城市日常出行的主流选择。

城市公共汽电车作为一种传统的公共交通出行方式，一直以来是城市出行系统的基础。截至 2023 年底，全国公共汽电车运营里程达 173.39 万 km，实现客运量 380.5 亿人次。在 2011—2019 年，城市公共汽电车年客运量保持了相对稳定的水平。在 2020—2022 年，各地城市公共交通客运量因受新冠疫情影响，出现大幅度下降，其中城市公共汽电车尤其出现了较大幅度的下降，2022 年全国城市公共交通客运量为 353.4 亿人次，仅为 2019 年的 51.1%。

近年来随着城市轨道交通的快速发展，以北京、上海、广州、深圳为代表的超特大城市已逐渐形成了以城市轨道交通为骨干的城市交通系统。截至 2023 年底，我国城市轨道交通系统完成客运量 293.9 亿人次，城市轨道交通旅客周转量达 2465.6 亿人 km。自 2023 年以来，各地城市公共交通的客运量迅速恢复，2011—2023 年我国城市公共交通客运量变化情况如图 2-7 所示。

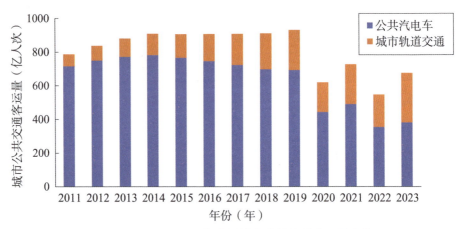

图 2-7　2011—2023 年我国城市公共交通客运量变化

为了满足城市居民对个性化、差异化、高品质出行服务的需求，差异化的定制服务模式应运而生。目前，全国已有超过 60 个城市开通了定制公交服务。其中，36 个直辖市、省会城市、计划单列市均已开通了定制公交服务，共运营线路 5400 余条，投入运营车辆 7600 余辆。2019—2021 年定制公交客运量分别达到了 1.78 亿人次、1.77 亿人次、1.32 亿人次（估算数据）。北京、广州、杭州等超特大城市因人口多，出行需求高，需求规模较大，定制公交初步实现规模化运营，其他城市尚处于发展探索阶段。

网络预约出租汽车（简称"网约车"）也是一种基于互联网技术的新的交通服务模式，为市民的日常出行增加了选择。根据网约车监管信息交互系统统计，截至 2023 年底，全国共有 337 家网约车平台公司取得网约车平台经营许可，各地共发放网约车驾驶员从业资格证 657.2 万本、车辆运输证 279.2 万本，运营车辆中电车比例持续增加，全年完成订单 91.14 亿单，日均订单 2497 万单，2023 年网约车月度日均订单量变化情况如图 2-8 所示。

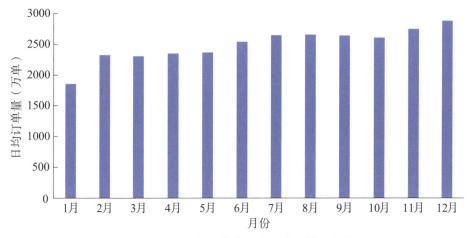

图 2-8　2023 年网约车月度日均订单量变化

四　慢行系统

慢行交通一般是指以低于 15km/h 的速度出行的主动交通，通常指步行交通和非机动车交通两种。城市慢行系统则是由道路基础设施、自行车系统和步行系统组成，其中自行车系统主要包括普通自行车、电动自行车、互联网租赁自行车、互联网租赁电动自行车等。慢行交通不仅是交通方式，也是城市活动系统的重要组成部分，在城市短距离出行中有着明显的优势，又有着绿色环保无污染的特点。

近年来，我国逐渐重视城市人行道的建设，全国人行道面积在 2022 年底达到 2396.43km^2，增长率为 2.91%，慢行基础设施水平不断提高。随着城市基础设施的发展、公众低碳理念和健康理念的提升，自行车出行方式又重新得到重视，骑行出行比例有所回升。根据中国自行车协会统计数据，2023 年我国自行车产量 9918.7 万辆，同比增长 1.5%。同时随着城市规划理念的变化，全国多地，如北京、深圳、太原等，逐渐加快对自行车专用道的建设，这对推动慢行系统的发展发挥了重要作用。

随着共享经济的发展，互联网租赁自行车等应运而生。互联网租赁自行车作为移动互联网和自行车融合发展的新型服务模式，自 2015 年互联网租赁自行车在我国出现以来，在更好地满足公众出行需求、有效解决城市出行"最先和最后一公里"问题、构建绿色出行体系等方面发挥了积极作用。互联网租赁自行车行业经历了由乱而治的发展阶段，目前整体上呈

现趋于理性发展态势,发展定位逐渐清晰,企业经营逐渐回归本位,主要精力用于提升车辆周转率、提升线下运维服务等方面。在全国范围内,市场份额最大的三家运营企业分别是哈啰单车、美团单车和青桔单车,三家企业占全国市场份额合计超过95%。截至2022年9月底,全国460余个县级及以上城市投放运营车辆,在营车辆约1490万辆,注册用户超过12.95亿户,全国日均订单量约4470万单。

五 宣传引导

为推动公交优先、绿色出行理念,交通运输部自2013年起,每年9月下旬举办公交出行宣传周活动。2018年,交通运输部又将公交出行宣传周全面升级为绿色出行宣传月。各地城市交通主管部门通过组织开展多样化的城市公共交通宣传活动,积极宣传公交优先发展政策、普及公交安全知识,提升城市公交从业人员服务意识、乘客交通安全意识和文明出行意识,进一步培育"优选公交 绿色出行"的城市绿色出行文化。通过加强宣传,号召每位市民争做绿色出行的宣传者、践行者,对加快形成简约适度、绿色低碳的生活方式具有重要意义。

为动员各地积极开展相关活动,交通运输部自2013年以来先后在北京、郑州、广州、兰州、成都、天津、西安等城市主办或出席当地启动活动(表2-1及图2-9),取得了显著成效。

历年公交出行宣传周启动仪式汇总表　　　　表2-1

时间	地点	活动主题
2023年9月19日	北京	绿色出行 美好生活
2020年9月21日	西安	践行绿色出行 建设美丽中国
2019年9月16日	天津	公交优先 绿色出行
2018年9月17日	成都	绿色出行 从身边做起
2017年9月18日	兰州	优选公交 绿色出行
2016年9月19日	广州	优选公交 绿色出行
2015年9月16日	郑州	优选公交 绿色出行
2014年9月16日	北京	优选公交 绿色出行
2013年9月16日	北京	公交优先 便民利民

图 2-9　北京市绿色出行宣传月和公交出行宣传周活动

第二节　绿色出行创建行动主要成效

2020 年 7 月，交通运输部会同国家发展改革委印发《绿色出行创建行动方案》，明确以直辖市、省会城市、计划单列市、公交都市创建城市、其他城区人口 100 万以上的城市作为创建对象，组织开展绿色出行创建行动，力争到 2022 年 60% 以上创建城市绿色出行比例达到 70% 以上，绿色出行服务满意率不低于 80%。

创建行动开展以来，各省级交通运输主管部门积极响应，联合当地发展改革等相关部门组织开展绿色出行创建行动申报工作，各城市积极提出绿色出行示范创建实施方案，经城市人民政府申报、省级相关主管部门审核，共确定了 109 个城市开展绿色出行创建行动。经过两年多绿色出行创建行动的开展，创建城市倡导绿色出行，取得了许多积极成效。2022 年 12 月，交通运输部公布了绿色出行创建考核评价达标城市名单，其中包括北京、天津、上海、重庆、太原、呼和浩特在内的共计 97 个创建城市。

一　评价体系

2021 年 10 月，交通运输部办公厅和国家发展改革委办公厅印发了《关于印发〈绿色出行创建行动考核评价标准〉的通知》（交办运函〔2021〕1664 号），进一步细化工作要求，指导各地深化绿色出行创建行动。评价标准从创建实施方案完成情况、创建目标完成情况两个方面对绿色出行创建城市进行考核评价，满分为 100 分。其中，实施方案完成情况包括政策体制机制保障、基础设施建设、交通服务创新、宣传和文化建设等 4 个方面考核内容；创建目标完成情况包括绿色出行比例、绿色出行服务满意率、城市公共交通机动化出行分担率、新能源和清洁能源公交车比例等 10 项评价指标（表 2-2）。

绿色出行创建行动指标体系 表 2-2

指标	创建目标		
	超/特大城市	大城市	中小城市
1. 绿色出行比例	≥70%		
2. 绿色出行服务满意率	≥80%		
3. 城市公共交通机动化出行分担率	≥50%	≥40%	≥30%
4. 新能源和清洁能源公交车比例	重点区域比例不低于 60%，其他区域不低于 50%		
5. 新增和更新新能源和清洁能源公交车比例	≥80%		
6. 早晚高峰期公共汽电车平均运营速度	≥15km/h		
7. 新增和更新低地板及低入口城市公共汽电车比例	≥70%	≥60%	≥50%
8. 公共汽电车来车信息实时预报率	100%	≥90%	≥80%
9. 人行道设置比例	≥20%		
10. 特色指标	城市根据自身发展情况确定特色指标和目标值		

2022 年 5 月，交通运输部办公厅和国家发展改革委办公厅印发《关于做好绿色出行创建行动考核评价有关工作的通知》（交办运函〔2022〕744 号），部署对绿色出行创建城市开展考核评价工作。按照通知要求，考核评价工作分为城市对标自评、省级核查推荐、部级考核评价和考评结果公布四个阶段。

二 工作成效

总体来看，创建城市通过开展绿色出行创建行动，绿色出行基础设施明显改善，公共交通服务品质显著提高，绿色出行装备水平持续提升，人民群众对选择绿色出行的认同感、获得感和幸福感不断加强，我国城市绿色出行水平得到整体提升。

1. 基本达成预期创建目标

各创建城市认真贯彻落实习近平生态文明思想和党的十九大有关决策部署，全国 28 个省份共 109 个城市积极开展绿色出行创建行动，创建城市覆盖了直辖市、省会城市、计划单列市、公交都市创建城市以及部分中小城市。通过开展绿色出行创建行动，超过 88% 的创建城市绿色出行比例达到 70% 以上，绿色出行服务满意率不低于 80%，绿色出行创建目标圆满完成。

2. 建立健全部门协调机制

各创建城市普遍建立了多部门协同联动机制，共同推进绿色出行创建行动。北京依托市交通综合治理领导小组开展绿色出行城市创建工作，坚持高位统筹，强化了监督管理协调机制。呼和浩特市政府牵头，以市交通运输局、发展改革委等十余个单位及各区政府主要领导为成员，成立绿色出行工作领导小组，统筹推动绿色出行建设各项工作的落实。济南市交通运输局会同发展改革委、工业和信息化局、公安局等十余部门，围绕提升城市绿色出行水平，协同开展推动交通基础设施绿色化、推广节能和新能源车辆、提高公交供给能力等十大创建任务。

3. 完善绿色出行基础设施

各创建城市稳步推进公共交通基础设施建设、慢行交通系统和无障碍设施建设。北京、上海、杭州等城市大力推动轨道交通网络建设，促进轨道公交两网融合。温州、济南、兰州等城市加快推动快速公交系统的建设。大连、昆山、宁波等城市积极推进公交枢纽公交引导城市发展综合开发新模式。苏州、枣庄、商丘等城市加强公交专用道建设，保障公交路权优先。太原、呼和浩特、南通等城市加强慢行绿道建设，优化慢行出行环境。大同、哈尔滨、湖州等城市加强无障碍设施建设改造，建设全龄友好出行环境。

4. 提升绿色出行装备水平

各创建城市以实施新增、更新节能车辆和新能源车辆为突破口，推进绿色车辆规模化应用。太原、阳泉、临汾等城市积极推广应用纯电动公交车和出租汽车，加快充电桩配套建设。济南、潍坊推进氢燃料电池公交车辆应用。哈尔滨推进清洁能源和新能源公交车辆应用，为高寒地区新能源公交化建设树立标杆。三亚在公共服务领域大力推广应用新能源汽车。

5. 公共交通服务品质显著提高

各创建城市持续深化国家公交都市建设，发展多元化、多样化公交服务，大力提升公共交通服务品质。北京、苏州、临沂等城市创新公交运营组织模式，定制公交及多样化专线，实现了互联网与传统公交运营模式的有效对接。杭州、温州、绍兴等城市尝试接驳服务多元化，实现社区居民"门到门""门到站"和"门到点"服务。昆山创新毗邻地区公交线路协调机制，建成毗邻公交线路14条。蚌埠打造"苗苗"劳模工作室和"苗苗线路"服务品牌，公交服务品牌建设效果突出。阜阳建立了星级服务体系，驾驶员上星率达96%。临汾公交引入"空乘式"服务，市区公交线路全部建成了微笑公交线路，服务群众满意度连续4年保持在98%以上。

6. 绿色出行文化逐步形成

各创建城市组织开展形式多样的宣传活动，大力培育绿色出行文化，不断增加绿色出行方式的吸引力。长春组织"市长乘坐公共交通体验活动""免费乘坐公交出行"等活动，鼓励市民树立低碳观念。呼和浩特坚持蒙汉文并用，在城市公交、地铁内设置蒙语报站和蒙语宣传，打造具有内蒙古特色的绿色出行文化。南京推出"我的南京"App碳积分激励措施，引导市民绿色出行。南阳以公交场站、公交站亭、公共汽电车辆为载体，以汉文化和南阳历史为基础，建设了富有内涵的公交文化。

第三节 绿色出行发展经验

一 加强多网融合，建设绿色出行体系

1. 建立立体化绿色出行体系

北京市积极构建综合、绿色、安全、智能的立体化、现代化的城市交通体系，把绿色出行比例作为最重要的评估指标之一，持续推进交通出行

结构优化。2022年底，中心城区绿色出行比例达73.4%，中心城区慢行出行比例达49%，创近10年新高。轨道交通方面，北京市研究制定了既有线网优化提升行动计划，完成轨道交通"四网融合"顶层设计，轨道交通进入新线建设与既有线优化提升并重的发展阶段。其中，北京西站、清河站实现高速铁路和城市轨道交通安检互认，提升铁路与城市轨道交通换乘体验；与上海等城市实现地铁二维码互联互通；"铁路12306" App实现刷码乘坐城市轨道交通业务。

地面公交方面，北京市及时调整公交发展定位，形成轨道服务中长距离、公交服务中短距离出行协同发展模式。按照50m接驳标准，开展轨道交通新线的接驳站点前期工作，优化公交与轨道接驳条件。按照《北京市地面公交线网总体规划》要求，累计优化线路541条次，削减重复线路长度1887.6km、重复设站4074处，增加461.2km公交线网覆盖，基本形成"五横、七纵、一环、五放射"网络。

慢行系统方面，北京市从标准、制度入手强化慢行路权，出台《北京市慢行系统规划2020—2035年》规划，并编制地方标准《步行和自行车交通环境规划设计标准》，引导城市慢行体系建设。通过拓宽自行车道宽度、打通瓶颈路断点、完成典型路口整治，稳步推进中心城区"两轴三环-三横-四放射"慢行廊道建设，推动慢行系统连线成网、连网成片。各行政区强化治理，持续打造一批慢行友好示范区（图2-10），并以"骑行+沉浸体验"为重点，"文化+创新业态"为纽带，促进慢行与文旅深度融合，注重巡河路、绿道与慢行系统有机融合。2019年开通首条自行车专用道（图2-11）以来，累计通行量已超过938.9万人次，市民通勤时间相比私人小汽车和公共汽电车分别节省了32%和50%，累计实现减碳量超过4674t。

图2-10　北京市交通安宁步行友好街区

图 2-11　北京市自行车专用道

天津市从"布局空间优化、接驳环境改善、拓展服务覆盖、软性优惠助力"四大原则出发，推进轨道交通与常规公交两网融合发展。一是通过优化公交线网结构，强化外围大型组团与轨道交通之间的公交接驳，加大公交微循环线路布设，缩短公交与轨道接驳距离。二是统筹轨道交通公交配套设施建设，推动交通衔接与轨道交通同步建设、同步运营。三是建立公交与轨道联通联动机制，建立"两网融合"月度联席会机制，为地铁乘客提供及时有效的公交信息，提供地铁车站周边停车场资源，满足公交集团增设场站需求，优化轨道站点站内标识导向，加大公交信息指引。四是实施公共交通换乘优惠政策，在 90min 内公交线路之间换乘和公交轨道换乘均可享受联程优惠，通过降低公共交通出行成本，提升公交出行吸引力。截至 2023 年底，天津市已有约 80% 的运营公交线路实现与轨道站点接驳，基本实现 150m 范围内接驳全覆盖；两网优化后站点进站量较之前平均增长 11.4%，部分轨道站点增长幅度达 31.9%，换乘人数最高达 3.6 万人次/日，"以轨道交通为骨干，常规公交为拓展"的城市公共交通网络基本形成。

贵阳市以整合城市公共交通抓手，打造轨道交通、环城快铁和地面常规公交一体化经营模式，积极拓展公交业务服务，贵州旅游积极提升城市公共交通服务水平。贵阳市发挥打造轨道交通、环城快铁和地面常规公交一体化经营优势，围绕轨道交通优化地面公交线网络，构建了轨道交通为主体、地面常规公交为支撑、定制公交为补充、景区直通车为拓展的多层次运输服务结构模式。贵阳市紧抓贵州旅游热度，打造"公交+旅游"新模式，开通 16 条市内景区直通车线路，覆盖青岩古镇等 4A 级景区；通过朝发夕至的发车模式，开通省内热门景点直通车线路11条，覆盖黄果树等5A级旅游景区，以及多条旅游专线等，景区直通车的开通，有效填补了老人、妇女等非自驾人群旅游出行供给空白，提升了景区间的关联度，推动了周边旅游快速升温。

2. 建立规范的慢行治理体系

南宁市遵循共建共治共享原则，规范互联网租赁自行车行业管理。2023年，南宁市互联网租赁自行车日均骑行量约60万人次/日，占到主城区常住人口日均出行总量（1084万人次/日）的5.5%。

政策法规方面，南宁市在2021年出台了《南宁市互联网租赁自行车管理暂行办法》及相关配套文件，以协议方式明确企业管理责任和车辆的运营维护、调度等要求，构建相对完善的治理体系。

总量控制方面，南宁通过测算将车辆投放规模与城市空间承载能力、停放设施资源、公众出行需求等相匹配，有效遏制了超额投放车辆等乱象的发生，投放总量由30多万辆下降至当前17万辆。同时建立企业服务质量考核与车辆配额动态调节机制，将考核结果与企业车辆配额挂钩，按照"奖优惩劣、增减结合"的原则进行配额管理，企业对车辆违规停放案件处置率由10%提升至85%以上。

信息技术方面，南宁市通过建设互联网租赁自行车综合监管服务平台，监管车辆投放、车辆停放，规范市民停车，并对重点区域进行管控，利用人脸识别等技术，防范未成年人骑行，全行业累计对2000多名违规用户采取暂停用车服务措施，有效规范用户停车行为。

保障公交用地，推进公交优先发展

1. 探索用地综合开发

南昌市按照《南昌市城市总体规划》要求，遵循"公交优先"的发展战略，中心城区在片区控制性详细规划层面上，结合上位规划共布置约70余个公共交通场站用地，面积约45万m^2，在规划上为南昌市公共交通场站建设提供用地保障，并从市级层面明确公交首末站建设用地均按照学校地价（60万元/亩）供地，有效降低公交企业用地成本。

一方面，南昌市对公共交通综合枢纽站、公交停保厂、首末站、调度中心等设施建设用地，实行划拨供地，在公交企业自筹资金新建公交枢场站的基础上，为企业给予配套补助，免征各项建设规费。另一方面，对具有开发价值的场站可采取建设移交、建设-经营-转让等招商方式，引入投资建设主体，解决场站建设资金，在确保公交场站基本功能的基础上，因地制宜，进行综合开发利用，相关收益用于公交事业发展。此外，充分利用城市建设现状，根据地上绿化、地下停车的原则，并结合公租房、廉租房的建设，在地下部分规划建设公交停车场及首末站。2012—2022年间，南昌市共取得公交场站用地500亩，共投资14.33亿元，建成各种类型公交场站26个，总建筑面积38.8万 m^2，可停放公共汽电车1300台，公共汽电车进场率达到100%。

沈阳市的沈阳站西广场公交枢纽是全市面积最大、功能最全的综合性公交枢纽站，囊括广场休闲、日间公交枢纽、夜间公交停车以及车辆充电等四大功能，建设内容包括公共汽电车上落客通道、车辆掉头回车场、大型人流集散和候车空间，设置了12个体现城市文化特色的公交候车廊、24个智能化公交站台、智能调度指挥系统，以及司乘休息、办公、绿化景观等配套设施。目前，沈阳站西广场周边形成了以火车站、地铁站、公交枢纽、SK长途客运站组成的10min步行换乘圈，不仅可以解决沈阳站西出口的"换乘难"问题，还可完善沈阳站整体功能，显著提升沈阳站枢纽地位。现在枢纽站运营的公交线路已达11条，为市民出行带来极大便利。

沈阳站西广场一方面深化项目前期论证与设计，在地下建设条件不理想的前提下，充分利用空间，优化设计方案，形成了双掉头回车场枢纽方案，既满足设计规范，又方便市民换乘。另一方面，建设凸显文化特色，提取沈阳市历史文化和铁西区工业文化元素，通过公交站亭的镂空雕刻、广告灯箱、钢化玻璃镀膜处呈现出来，形成一条完整的公交文化长廊，凸显枢纽站的城市窗口形象与文化特色。枢纽中央区域设置为人行集散、旅客候车、换乘空间，公共汽电车的运行轨迹仅限在两组回车场内，通过合理布局并设置护栏将公共汽电车流与候车人流完全分开，确保乘客安全。

2. 改善乘客候车环境

呼和浩特市打造便民公共交通设施"青城驿站"，根据人口稠密程度，每隔500～800m就有分布。站内设置有报纸阅览区、手机充电区、电动车充电区、公共卫生间等，以及为环卫工人提供的微波炉、热水器（图2-12）。乘客既可在站内休憩并实时获得公共汽电车辆的到站距离、时间等信息,也可通过"掌上青城"App查询最近的驿站位置,为乘客更好地规划候车时间、获得信息资讯和满足身心休息提供了多维便利,在改善乘客候车环境的同时,提升公共交通对公众的吸引力。此外,在城区选择具备条件的青城驿站为对象,依托青城驿站公交小型区域调度分中心,结合驿站周边停车场或路边停车位,建立城区小型公交首末站,实施分区、跨线调度。截至2022年6月,呼和浩特市共建有市场化运营条件的"青城驿站"372座,"青城驿站"与城市常住人口之比达到1.08座/万人。

图 2-12 呼和浩特市青城驿站

三 更新车辆装备,升级绿色装备设施

重庆市建设的福佑路光储充示范站示范项目,作为新一代绿色智慧出行示范性站场,构建了集光伏站、储能站、电动汽车给电网送电(Vehicle to Grid, V2G)技术、充放电站于一体的四维一体式微电网系统(图2-13),推进城市公交与绿色能源融合技术的融合发展。该场站共有400m²,共有50个充电桩,铺设83.7kWp光伏,年发绿电近10万度,相当于每年节约标准煤33t,减碳约95t。该场站采用V2G技术,可利用场站公共汽电车及具备充放功能的小客车充当"充电宝",每辆电动汽车可借助V2G双向充放电功能,在光伏发电高峰或电网低谷时充电,在用电高峰或电网负荷较高时,通过微网箱变系统智能调配放电给其他新能源车辆使用,有效降低对电网的冲击。在谷段和平段让储能堆蓄满电,新能源公交车可以在光伏板发电不足期间、夜间以及用电高峰期,利用储能堆进行充电。

光伏板和储能堆不仅能为公交车充电,还能为站务楼、照明设备等供电。在电网负荷较高或出现故障时,充电站可调用光伏发电和储能电池电力，对站场的其他用电场景进行供电，以保障公交车辆营运、场站正常使用不受影响，使公交站场更便捷、更环保、更智能。此外，若遇停电，储能堆可让两辆小汽车充满电以及满足部分公交车补电应急。

图 2-13　重庆市公交场站充电桩

武汉市通过推广应用新能源车辆、优化线路运营管理以及开展志愿服务引导市民低碳出行等方式，实现了城市绿色公共交通的可持续发展。一方面，优化新能源公交车辆能源结构，加快新能源车辆推广应用，深化推进"公交低碳化"。2020—2022 年累计更新新能源公交车 3704 台，2022 年较 2019 年减少燃料成本 1.9 亿元，预计到 2025 年新能源公交车占比将达到 100%（应急车辆除外）。同时，优化充电站运营组织管理，将"错峰充电"与"高峰让电"高效融合，建立分时充电管理效益反馈模式，年均降低充电成本上千万元，目前已投入使用的 131 个新能源公交车充电场站配套 3601 个充电终端，基本满足新能源公交车充电需求。另一方面，开展多种经营增强造血能力，发展小车维保服务。开设 2 家公交养车店，拓展大车维修业务，依托整车厂建立邓甲村等 5 个大型面向社会开放的客车维保中心，建成安全技术检测线 4 条、环保检测线 11 条，开放 3 处充电站、2 座加油站对外经营。通过扩展经营范围，2021 年经营性产业收入 1.43 亿元，税后利润约 6 千万元；2022 年经营性产业收入 1.88 亿元，利润约 8 千万元。

四 升级服务模式，提升公交服务品质

1. 探索多样化公交发展模式

北京市自 2013 年起围绕乘客通勤、旅游、就医等差异化、个性化出行需求，依托北京定制公交服务平台，先后设计开通了定制商务班车、巡游定制公交、通学定制公交等多个服务产品（图 2-14），并提供从定站定线，到定站不定线，再到需求响应式公交等多种服务模式。一方面引入大数据城市公交外脑，升级定制公交线路规划、支付、乘车、客群管理等系统功能，促进乘客体验升级；另一方面创新试行远程一级调度管理模式，实现了定制公交扁平化、精简高效的业务管理模式。此外，通过平台建设在乘客通勤需求与企业运输供给之间建立桥梁，将线上预定与线下公交运营有机结合，有效提升资源配置效率和管理水平，为倡导集约化绿色出行，促进节能减排，缓解交通拥堵，发挥了重要作用。截至 2023 年 8 月，北京多样化公交开行线路 545 条，日服务乘客出行超过 3.8 万人次，高峰日超过 4.8 万人次，累计运送乘客超过 3000 万人次。

图 2-14　北京市定制公交

福州市在 2022 年印发了《福州市优化公交出行三年（2022—2024 年）行动方案》，提出要构建适应福州城市和交通特征的模式多元、设施完善、换乘便捷、服务精细、绿色低碳的城市公共交通系统。通过打造多样化、差异化的公交服务模式，福州市陆续推出微循环公交、定制公交、高峰快线、通勤快线、通学专线及旅游（节假日）专线等公交线路服务模式，满足市民日趋提升的品质化出行需求。一是以市场需求为导向开展定制公交服务，通过"闽运易行""5i84"等公众号平台采集需求，并设计定制线路走向方案，主要服务多所中学及上百个企业单位。二是以定时班车模式

运营特色公交线路，服务工业产业园区、学校、景区及商圈等群体，通过打造旅游主题车厢、拍摄主题视频等方式加大宣传，打造具有福州特色的公交线路品牌，完善串联景区间公交配套。三是打造微循环公交线路，在充分考虑公交线网和城市交通整体通行条件的情况下，采用小型化新能源公交车，提供接驳地铁和大中运量干线公共交通、社区与街巷之间的公交服务，满足群众出行"最后一公里"需求。福州市已开通的310条定制公交线路，日均服务1.3万多人次，38条特色公交线路，日均服务8000多人次；累计开通36条微循环公交线路，其中地铁接驳线路25条。

济南市开通了精准服务市民乘客的公交线路，弥补了常规公共汽电车型无法到达狭窄道路的短板。小巷公交重点围绕通行能力较差的背街小巷和公交线网空白区域开展规划，并通过"需求收集—现场调研—方案制定—站点外部对接—上报审批"等流程开展实施。站点主要设置在居民密集区与大型换乘站、客流集散点或地铁站之间，可实现支线与不同层次线路之间的客流交换，形成线路间的饲喂和接驳关系，线路长度一般为3~8km。为方便市民乘客出行，小巷公交坚持高频高发的调度发车模式，突出发车间隔短、运营模式灵活的服务特点，缩短市民候车时间。2023年，济南公交开通了8条小巷公交（图2-15），累计发放班次13.2万班，运送乘客90万人次，线路长度达40.5km，日均运送乘客8000人次以上。小巷公交填补了多条道路的线网空白，解决了周边社区多年来的出行难题，进一步织密了公交线网，提高了市民出行效率，让居民在家门口享受公交出行带来的便捷与舒适。

图2-15　济南市小巷公交

2. 优化公交线网结构

长春市为贯彻落实公交优先发展政策、满足市民中长距离快速出行需求，结合轨道交通规划及建设情况，于 2022 年 7 月开通首条公交快速示范线东部快速公交线 77 路。长春利用大数据技术施划公交快速走廊，线路全长 25.5km，共设站 25 座，衔接 3 条营运轨道交通线路、2 条在建轨道交通线路以及 56 条公交线路，并在每个公交站点施划了共享单车停车位，实现公交、轨道、慢行三网融合。线路全程采用独立路权的公交专用车道，并对沿线 45 处交通信号灯进行了信号优化配置，延长了南北方向的绿波通行，为公交快速通行提供有力保障。线路沿线 500m 覆盖常住人口 26 万人，就业岗位 21 万个。

长春市快速公交开通以来，日均运营 280 个班次，平均运行速度达到 23km/h，是常规公交的 1.6 倍，日均客流量 2.9 万人次，日最高客流量达到 3.3 万人次，东部快速路沿线公交客流总量提升 22%。目前，长春已建成以轨道交通为主体、常规公交为基础、慢行交通为补充的多模式、一体化、全覆盖、高品质的绿色交通系统，形成了具有寒地特征的绿色出行发展模式。

3. 适老化公交服务改造

重庆市聚焦老年乘客出行需求，通过改造"硬设施"、完善"软服务"，高标准推进公交站台适老化改造，打造敬老爱老示范线路，切实提升广大老年乘客的获得感、幸福感、安全感。近年来，重庆市公交适老化线路的打造相继被各级新闻媒体报道、服务热线表扬多次，市民对敬老爱老线路服务提升工作给予了充分的支持和肯定，进一步巩固提升适老化无障碍交通出行服务成效。

一是优化硬件设施方面，持续对公交站点开展适老化改造，优化智慧公交站台和智能站牌的信息展示功能，提升老年乘客辨识度，打造"敬老爱老"主题车厢，张贴专属标识、宣传画、宣传标语、安全乘车知识以及播放语音提醒等方式开展敬老爱老宣传。二是推广服务理念方面，配置综合素质高、服务意识强、驾驶经验丰富的星级驾驶员，密切关注老年乘客上下车情况，主动提醒为老年乘客让座。并开展关于提升敬老爱老服务意识和工作方法的专题培训，驾驶员敬老爱老服务技能竞赛，切实提升员工综合素质、服务宣传、应急处置等多方面的能力。三是强化指导监督方面，发布了《重庆市中心城区公交适老化服务规范》，从场站建设、车型配置、服务标准、安全行车要求等方面形成统一指导标准。建立行业检查、企业自查的两级监督

机制，分别开展公交适老化服务检查评估，和抽调稽查队员每周上线跟车开展专项自检自查，对发现的相关问题按要求及时整改到位。

五 创新科技赋能，探索建立碳市场机制

1. 探索建立绿色出行碳普惠机制

南京市依托公共交通市民卡应用普及、"我的南京"App 用户广泛的信息化基础优势，借助"互联网+"手段，打造"我的南京"App 绿色出行碳积分激励功能模块，接入公交和地铁乘车码，实现步行、自行车、地铁、雾霾天不开车等绿色出行全场景覆盖，积极开展碳积分乘车、绿色积分兑换乘车优惠券等活动，鼓励居民绿色出行，建立了一套为激励市民低碳出行方式所进行的行为统计和奖励优惠的长效措施。依托"我的南京"App，打造智能公交出行客户端，实现公交线路、实时到站的信息查询及出行线路规划，无缝切换公交、地铁、自行车之间的转乘方式。用户可通过高点摄像头查询全市路况，通过在线地图实时查询公共自行车站点及空位，有效提升用户公共出行的便利性与舒适度。通过全面整合市民步行、地铁、公共汽电车、公共自行车、私人小汽车停驶等绿色出行数据，建设绿色出行公共服务平台，按照中国核证自愿减排量方法学来计算碳减排量，设置个人碳账户，认证市民低碳行为并颁发碳减排电子证明。在线下组织公益植树、线上开展积分兑换等活动，用户所有绿色出行行为均可转化为积分，在线上、线下商城进行礼品兑换或消费抵扣。单位活动水平减排量与积分获取规则见表 2-3。

单位活动水平减排量与积分获取规则　　　　　　表 2-3

序号	绿色出行方式	单位活动水平减排量	积分与碳减排量兑换收益（碳币：元）
1	步行	0.6kg 二氧化碳/5000 步	0.018
2	公共自行车	0.7kg 二氧化碳/次	0.022
3	公交	1.8kg 二氧化碳/次	0.055
4	地铁	1.8kg 二氧化碳/次	0.055
5	私人小汽车停驶	7.2kg 二氧化碳/次	0.217

南京市民在出行时选择绿色方式出行时，即可兑换相应的碳积分。碳积分平台结合银行支付通道推出我的南京碳积分支付能力，支持线下支付码支付和线上支付。通过建设新积分商城，使用绿色积分直接兑换实物或虚拟商品（图 2-16）。通过开展碳积分乘车、绿色积分兑换乘车优惠券等活动，引导用户积极参与，继续扩大公共交通出行用户群体覆盖范围，提升绿色出行理念的影响力。截至 2022 年 12 月底，绿色出行项目已经吸引了超过 310 万市民参与，领取绿色积分总人次超过 2.06 亿次，向市民回馈绿色积分超过 2.65 亿分，碳积分总用户数 73 万人，兑换量超过 1174.2 万元。

图 2-16　公共交通服务系统及绿色积分获取示意图

北京市采取"政企合作"模式，于 2019 年发布了国内首个绿色出行一体化服务平台（Mobility as a Service，MaaS）。其中，公共交通运营企业主要负责公共交通数据采集与运力服务；市有关行业主管部门主要负责公共交通数据的汇聚、处理、开放和行业运营监管；互联网平台企业主要负责应用政府开放的交通数据向社会提供出行信息服务。主要功能包括向公众提供了一体化出行规划、实时公交及拥挤度查询、地铁拥挤度查询、全程引导和下车提醒等服务。2020 年 9 月，北京市多部门及企业共同启动了"MaaS 出行 绿动全城"活动，国内首次以碳普惠方式激励市民全方式参与绿色出行。市民采用公交、地铁、自行车、步行等绿色出行方式出行时，使用指定 App 进行路径规划及导航，出行结束后即可获得对应的碳能量，所得碳能量可转化为多样化奖励。

目前，北京 MaaS 已完成 1.0 阶段建设（图 2-17）。截至 2023 年 6 月底，北京 MaaS 平台用户量已超 3000 万，日均服务绿色出行人数 450 余万，碳普惠实名注册用户量突破 350 万，累计产生碳减排量近 46 万 t，12 万 t 碳减排量已完成市场交易。2023 年 6 月，北京市交通委员会和北京市生态环境局联合印发《北京 MaaS 2.0 工作方案》，北京 MaaS 正式迈向 2.0 建设阶段。北京 MaaS 将重点开展三方面建设任务：一是拓展优化城市、城际出行一体化服务场景功能。优化城市"轨道＋公交/步行/骑行/出租（网约）车"一体化出行规划导航服务，拓展城际"航空/铁路＋城市公共交通/定制公交/出租（网约）车"一体化出行规划导航服务；二是升级以碳为核心的激励体系。在当前碳普惠活动基础上，MaaS 2.0 将持续探索金融赋能手段，开展绿色出行与绿色金融工具融合创新研究，打造面向绿色出行低碳金融服务体系；三是打造健康可持续发展的 MaaS 生态圈。MaaS 2.0 阶段将组建北京绿色出行一体化联盟，积极吸纳社会各方力量参与北京 MaaS 建设。

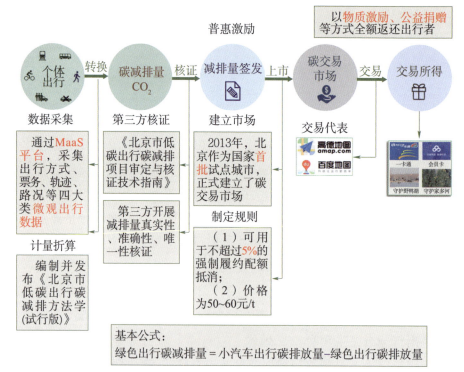

图 2-17　北京市绿色出行碳普惠活动机制

2. 打造智慧交通系统

长沙市深入贯彻落实国家智能汽车和智慧交通融合发展战略部署，推广智能网联技术在公共交通行业的应用。2020年3月，长沙市人民政府办公厅印发《长沙市智能汽车与智慧交通融合产业头羊计划》，提出要推广智能网联技术在公交领域的应用，市发改委、湘江新区、市公交交警支队、市交通运输局和市公交集团、湘江智能集团建立多部门联动机制，对公共汽电车辆进行智能化、网联化改造，接入智能网联云平台。通过在公共汽电车行经路口和公共汽电车辆配置智能网联设备，实现公交信号优先，提升公交通行效率及准点率，完善驾驶行为监管和疲劳驾驶检测，保障公交运行安全。长沙市公交信号优先的实践，取得了公共汽电车速度更快、准点率更高、耗时更短的效果。2020年长沙市首发的智慧公交315线，行程时间相较全市平均水平减少了13.3%，平均行程速度提高了15.4%，各站点车辆平均到站时间偏差由83s缩短至17s。

厦门市积极开展城市公交综合智慧系统科技示范工程建设。2021年4月，厦门市委、市政府印发《交通强国建设厦门行动方案》，提出着力发展集约环保、数字引领的绿色智慧交通的任务，通过建立政府指导，企业实施的多部门协作组织模式，将"产、学、研、用"紧密结合，实现企业、高校、研究机构、产业链合作等创新资源的有效整合和创新能力的优势互补、创新协同。依托厦门城市公交综合智慧系统建设项目组织实施（图2-18），通过开展新一代信息技术与城市公交的深度融合研究与示范应用，推动厦门城市公交综合智慧发展，城市公交班次规划运行效率提高，城市公共交通出行效率和城市交通智能化水平明显提升。一是持续提供合理班次服务，班次执行率超99%。二是有责事故、事故经济损失双下降，2022年同比2021年有责行车事故数量下降27.93%，发生客伤事故下降37.34%，事故经济损失下降25.25%。三是乘客满意度提高，2022年乘客满意度月度均值达93.51%；乘客诉求率1.852件/百万人次，同比2021年下降57.78%。

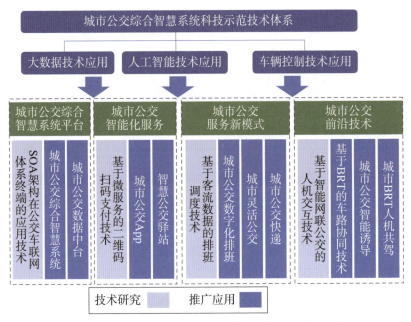

图 2-18　厦门公交综合智慧系统科技示范工程技术体系图

第四节　绿色出行发展形势和要求

目前，我国城市交通需求仍处于刚性增长阶段，在国家"交通强国建设"及积极稳妥推进"碳达峰碳中和"战略的大背景下，未来我国城市交通面临着更大的发展挑战。发展绿色出行是未来发展的必然趋势，但也面临着绿色出行理念有待深化、服务水平参差不齐、行业治理体系有待完善等问题，城市交通拥堵等"城市病"已成为各个城市特别是大城市普遍面临的难题，迫切需要解决，建设绿色出行体系是实现城市可持续发展的根本途径。

一　城镇化和机动化进程持续推进

当前我国已处于城镇化发展的中后期。2012—2023 年，我国人口城镇化率从 2012 年的 53.10% 增长至 2023 年的 66.16%，随着城镇化率增速的放缓，意味着我国城镇化发展已从规模增长导向转向质量提升导向。党的二十大报告也提出了"推进以人为核心的新型城镇化，加快农业转移人口市民化。以城市群、都市圈为依托构建大中小城市协调发展格局，推进以县城为重要载体的城镇化建设"的新要求。城市群、都市圈的加速形成，也会带动城镇化的发展和人口的转移。据预测，我国将在 2035 年后进入相对稳定发展阶段，中国城镇化率峰值大概率出现在 75% 至 80%，这意味着未来至少有 2 亿农村人口向城市转移。

但同时我国机动化发展水平仍处于较低水平。2022 年，我国千人汽车拥有量 226 辆，距离国际水平（约 400 辆/千人）相比仍有较大差距（图 2-19）。除了全国总体水平有明显差距外，我国不同的区域呈现不同的发展特征，如在我国西部地区，离达到机动化的饱和水平仍有较大差距，未来机动化水平的大幅提升必将导致小汽车出行量和城市交通碳排放的持续增长。

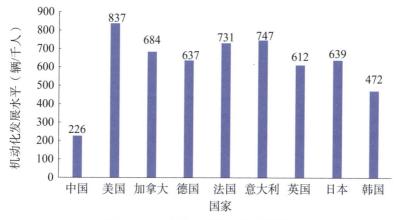

图 2-19　部分国家的机动化发展水平

城市交通的高品质出行需求进一步加强

在经济进入高质量发展的新阶段，人民群众个性化、高品质出行需求日益增长，通勤专线、通学专线、旅游专线、定制公交、夜间公交等特色公交服务产品不断涌现。通过调整发车频率和运营时间，以及开通大站快车、区间车、微循环公交等服务方式，持续扩大公交服务广度和深度，满足群众多样化出行需求。

当前，乘客出行时不仅有对早晚高峰通勤准点、高效的考虑，也有对出行时安全、便捷、舒适、健康等的考量。在绿色出行基础设施取得长足

进步的基础上,应推动多种交通方式高效融合,提升绿色出行全链条的效率和服务质量;数智化也将推动出行服务升级,改善出行体验,持续提升绿色出行的品质将成为城市交通未来可持续发展的关键。

三 城市出行结构老龄化趋势愈发显著

截至2023年底,我国60周岁及以上老年人口已达到2.97亿人,占总人口的21.1%。第七次全国人口普查数据显示,全国地级及以上城市中有149个已经进入深度老龄化,并有11个城市进入超老龄化阶段。按照联合国的预测,2035年,我国60岁以上人口将超过30%,2050年60岁以上人口将接近40%,进入重度老龄化阶段。我国老龄化具有"未富先老"的特征,庞大的老龄群体将给我国带来巨大的社会服务、社会保障负担,制约国民社会经济的高速度发展,影响国家现代化进程。

2023年9月1日《中华人民共和国无障碍环境建设法》正式施行,为残疾人和老年人平等、充分、便捷地参与和融入社会生活以及参与交通出行提供了坚实的法治保障。随着人们年龄的增长,他们更需要符合适老化无障碍出行要求的公共交通方式,需要从设施、车辆、服务以及信息化等方面加强完善,慢行交通设施方面也需要加快完善。在我国不同的城市类型中,中小型城市的人口老龄化甚至超过平均水平,而传统的公共交通供给却很少,因此填补老年人"出行缺口"迫在眉睫。

四 城市交通低碳转型发展任务繁重

城市交通是交通运输碳排放的重点领域。根据国际能源署的统计数据,2020年,交通运输碳排放占全球碳排放总量的比重为26%,仅次于能源发电与供热行业。2019年的测算数据显示,在我国碳排放总量中,交通运输领域碳排放量约占11%,而道路运输碳排放占整个交通运输行业的80%以上。当前,我国千人汽车保有量与发达国家数据相比还有较大增长空间,随着城市汽车保有量快速增长,交通领域碳排放量面临持续增长的压力。据公安部统计,截至2023年底,全国汽车保有量达3.36亿辆,全国有94个城市的汽车保有超过100万辆,43个城市超200万辆,25个城市超300万辆,其中成都、北京、重庆、上海、苏州5个城市超过500万辆。我国城市汽车保有量持续增长，同时由于小汽车的高强度使用，仍会造成城市交通的能耗和碳排放快速增长，发展模式急需转变，未来城市交通节能降碳任务繁重。

公共交通出行对于降低碳排放具有显著促进作用。公共交通具有能耗小、排放低、运输效率高的优势，是一种绿色的交通出行方式。建设以公共交通为主导的城市综合交通体系，已经成为世界各国的共识。提高公共交通出行分担率或绿色出行分担率，减少私人交通工具的使用，对于提升出行的公平性、降低碳排放、保护城市环境等具有显著的促进作用。为了实施公交优先战略，普遍的做法是政府对公共交通提供财政补贴，支持企业拓展公交线路，增加公交覆盖率，为居民出行提供便利。

第五节　绿色出行发展存在的问题和挑战

一、城市规划的理念指导和执行评估有待提升

当前大中型城市已普遍响应公交优先发展战略，并致力于构建以公共交通为主体的绿色出行模式。然而，部分大城市及多数中小型城市的城市交通在城市发展中的功能定位不明确，城市交通发展目标与环境保护、土地高效利用脱节，使得城市交通被动适应城市发展的需要，城市道路资源优先分配权明显向机动车倾斜，慢行交通道路资源建设不足。部分城市在规划和建设过程中，缺少对居民出行需求的准确把握，区域开发职住失衡，很多居民不得不承受长距离的通勤出行之苦，导致一些居民依赖于小汽车出行。中小城市缺乏科学规划，盲目复制大城市扩张发展方式，导致城市无序蔓延的现象普遍存在，城市的资源、空间有限，不能承载大量人口，因而带来诸多城市病。

二、城市公共交通可持续发展能力有待增强

尽管我国城市公共交通已取得了长足发展，但随着私人小汽车、电动

自行车保有量的快速增加，以及城市轨道交通、互联网租赁自行车等的快速发展，自 2015 年起，城市公交客运量逐年缓慢下降，特别是互联网租赁电动自行车在部分城市过度投放，进一步分流了公交客流。2020 年以来，受疫情以及居民出行习惯改变等因素影响，城市公交客运量明显下降，且当前我国城市公共交通发展方式粗放、服务质量不高等问题依然突出，城市公交服务仍以地面公交和轨道交通为主，定制公交、微循环公交、需求响应式公交等多样化服务能力有待提升，多样化的公交服务亟待丰富，城市公共交通体系尚不能满足市民多元化出行需求。部分城市尚未建立科学的成本-票价-补贴-服务质量-运营效率联动机制，过度追求低票价，加之地方财政负担乏力、公交企业负担过重、发展创新不足等因素使得公交企业普遍经营困难，多地公交企业通过减车或延长发车间隔的方式控制成本，造成了市民出行体验下降，严重制约了我国城市公共交通可持续发展。

三 城市政府对交通需求管理重视程度有待提高

我国的机动化出行水平始终保持很高的增长速度，近十年增长接近 10%。根据城市交通拥堵治理要求，超大、特大型城市实施了差异化停车收费、机动车摇号或限行、车牌额度拍卖等需求管理措施，并取得了较好效果。但是由于汽车消费政策的出台，很多城市又逐渐放松了对小汽车拥有的管控。较多中小城市政府对交通需求管理的重要性还认识不够，认为城市没有发生拥堵就不需要采取需求管理措施。部分城市则迫于社会压力不敢实施必要的需求管理措施，导致小汽车出行在通勤出行中的比例居高不下。近半数的特大型城市和Ⅰ型大城市选择私人小汽车通勤的比例与公共交通通勤比例相当。此外，国家层面交通需求管理相关法律法规缺失，地方政府认为在制订相关政策时依据不足。

四 绿色出行发展技术瓶颈和配套服务不足

应用清洁能源技术是推进绿色出行发展的重要手段。近年来，新能源汽车技术逐步成熟，截至 2023 年底，全国新能源汽车保有量达 2041 万辆，2017—2023 年，全国每年新注册登记新能源汽车数量从 65 万辆增加到743万辆，呈高速增长态势。但仍存在技术瓶颈有待突破，电动汽车冬季性能受限、整车安全、大功率燃料电池缺乏等核心技术瓶颈问题，严重影响我国新能源汽车产品竞争力和产业发展。充电桩等配套技术服务有待跟进，目前仍存在充电桩数量不足、区域分布不均、技术标准不统一等问题，一定程度上制约了新能源汽车发展。此外，城市绿色出行发展具有很强的技术依赖性，新技术的应用及配套设施建设需要大量资金支持。

五 互联网租赁自行车规范性亟待提升

从目前发展情况看，互联网租赁自行车逐渐成为城市绿色出行的重要方式，但在大城市因道路空间资源限制，企业运维能力不足，面临乱停乱放、淤积堆放等问题，严重影响着公共秩序，互联网租赁自行车与城市公共交通、其他慢行交通方式等传统业态的融合度不够，对行业服务质量的提升造成较大影响。如何鼓励互联网租赁自行车规范、有序、健康发展及与传统业态的融合发展，成为影响城市交通快速发展的关键。

六 参与绿色出行的积极性和主动性有待提升

优先发展公共交通有利于降低能耗、提高道路资源利用率。然而，随着居民收入水平提高，对出行舒适性、安全性的需求日益提升，更多人在行为上偏好小汽车出行，主要原因：一是由于城市绿色出行竞争力和吸引力不足，公众选择绿色出行的意愿不够强烈。二是由于我国小汽车的使用成本仍较低，停车收费政策不完善。在各类城市的中心城区不收费或低收费现象仍然存在。公众对于交通拥堵、环境污染等外部成本缺乏切实感受。三是对绿色出行的重要性认识也不够，仍有很多人是以"口号化"为主，在日常出行中参与绿色出行实践较少。四是由于缺少对绿色出行的正向激励机制，公众参与绿色出行的积极性和主动性尚没有被激发出来。

七 促进汽车消费政策可能带来更多的小汽车使用

2020年以来，国家有关部门相继出台举措促进汽车消费，从国家政策导向上要求有序取消一些行政性限制消费购买的规定，推动汽车等消费品由购买管理向使用管理转变，鼓励限购城市适当增加号牌指标投放。2021年2月，商务部印发《商务领域促进汽车消费工作指引》和《地方促进汽车消费经验做法》，对于优化汽车限购政策、实施新车消费补贴、支持新能源汽车消费、实施"以旧换新"补贴等作出部署。随着社会经济发展和人民生活水平的提高，促进汽车消费政策将在一定时期内带来更多的小汽车使用，更多的城市将产生"交通拥堵、环境污染"等城市病，这迫使绿色出行必须加快发展，否则城市交通碳排放仍会持续快速增长。

第三章

绿色出行社会调查与分析

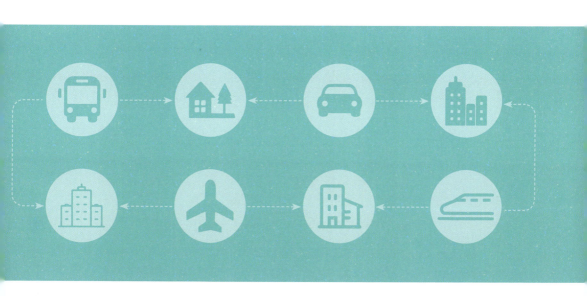

第三章 绿色出行社会调查与分析

第一节 调查组织实施情况

为客观分析我国城市绿色出行发展情况，本书作者通过开展用户线上调查和指标测算相结合的方法，对北京、天津、石家庄、太原等36个直辖市、省会城市、计划单列市的绿色出行发展情况开展了调查与分析。

一、调查方法及内容

2023年9月至12月，本书作者通过手机客户端、网页等多途径投放问卷开展调查，重点对2023年度第三季度城市绿色出行结构特征、便捷性、经济性、出行环境安全性、群众出行满意度等方面开展调查。绿色出行主要包括城市轨道交通、公共汽电车、自行车和步行等出行行为。

二、调查范围

本书作者选取了北京、天津、石家庄、太原、呼和浩特、沈阳、大连、长春、哈尔滨、上海、南京、杭州、宁波、合肥、福州、厦门、南昌、济南、青岛、郑州、武汉、长沙、广州、深圳、南宁、海口、重庆、成都、贵阳、昆明、拉萨、西安、兰州、西宁、银川、乌鲁木齐等36个直辖市、省会城市、计划单列市作为研究对象。按照第七次人口普查的城市人口规模对36个城市进行分类，其中超大城市7个、特大城市12个，Ⅰ型大城市11个，Ⅱ型大城市5个，中等城市1个，其中32个城市开通城市轨道交通，银川、海口、西宁、拉萨未开通轨道交通。调查中涉及的城区范围主要为城市主要行政区域。

第二节 调查结果

一、出行结构特征

1. 调查结果

出行结构的调查结果如图3-1所示，36个典型城市高峰时段绿色出行比例在 70.1%～84.9%，达到一个较高的水平。其中，北京、上海、天津、南宁、福州、海口 6 个城市的高峰时段绿色出行比例超过 80%，此外，深圳、成都、广州、西安、武汉、南京、昆明、杭州、郑州、沈阳、南宁、福州、厦门、海口、银川、兰州 16 个城市高峰时段绿色出行比例超过 75%。

36 个典型城市高峰时段公共交通出行比例为 28.9%，私人小汽车、摩托车和出租汽车/网约车的出行比例分别为 15.5%、1.3% 和 6.0%，公共交通机动化出行比例为 55.9%。慢行交通方式的出行比例为 48.4%，其中自行车、电动自行车和步行出行比例分别为 20.2%、10.9% 和 17.2%。36 个典型城市高峰时段的出行结构如图 3-2 所示。

2. 主要结论

（1）绿色出行方式已成为高峰时段最主要的出行方式。36 个典型城市高峰时段绿色出行比例平均为 77.2%，其中超大型城市的高峰时段绿色出行比例平均达 80.5%；特大型、Ⅰ型、Ⅱ型大城市的高峰时段绿色出行比例分别为 75.2%、73.5% 和 76.1%。

（2）各城市绿色出行方式的主要特征不同。西宁、哈尔滨、贵阳的高峰时段使用公共交通出行的比例较高；兰州、呼和浩特、沈阳的高峰时段使用自行车和电动自行车出行的比例较高；大连、西宁、厦门的高峰时段步行出行的比例较高。

出行安全性

1. 调查结果

在安全性认可方面，36 个典型城市公共交通出行环境安全认可情况如图 3-3 所示。约 90% 的出行者认为城市公共交通出行环境是安全的（包括非常安全和比较安全）。超大型城市和特大型城市分别有 90.8% 和 90.2% 的出行者认为城市公共交通出行环境是安全的，其中成都、上海、杭州、青岛、西安等地城市公共交通出行环境安全认可率达到 90%。Ⅰ型大城市和Ⅱ型大城市分别有 88.6% 和 86.3% 的出行者认为城市公共交通出行环境是安全的，其中合肥、宁波、厦门、太原等城市认可率超过 90%。

第三章 绿色出行社会调查与分析

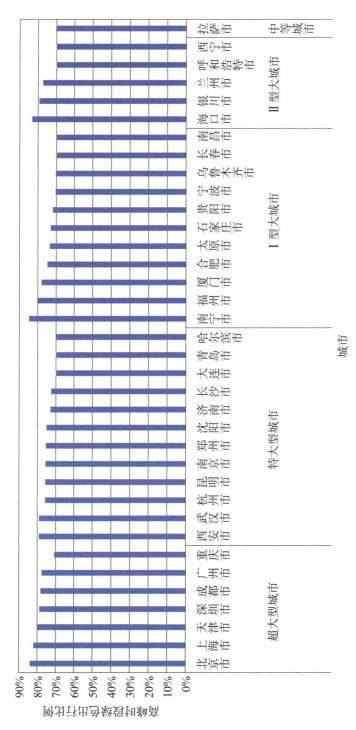

图 3-1 典型城市高峰时段绿色出行比例

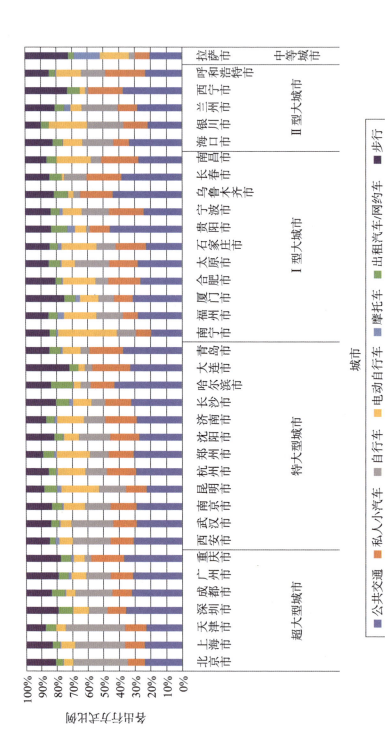

图3-2 典型城市高峰时段的出行结构

图3-3 典型城市公共交通出行环境安全认可情况

在骑行方面，36个典型城市骑行出行环境安全认可率情况如图3-4所示。约有65%的出行者认为城市骑行环境是安全的，城市骑行环境安全性有较大提升空间。部分城市认可率较高，例如杭州和拉萨，认可率分别达到81.0%和91.1%。超大型、特大型和Ⅰ型大城市的认可率均在65%左右，Ⅱ型大城市认可率为62.1%。

在步行方面，36个典型城市步行出行环境安全认可率情况如图3-5所示，约有78.8%的出行者认为其所在城市步行出行环境安全。其中，杭州、银川、上海的步行出行环境安全认可率较高，分别为89.3%、88.9%和85.2%。

2. 主要结论

（1）城市绿色出行环境的安全性得到大部分出行者认可。其中，约90%的出行者认为城市公共交通出行环境是安全的（包括非常安全和比较安全）；约65%的出行者对城市骑行环境安全性认可，城市骑行环境安全性有较大提升空间；约80%的出行者对步行环境安全性表示认可。

（2）影响城市公共交通安全出行的潜在问题包括：公交站台设计不合理造成高峰时段站台拥挤，部分乘客在机动车道候车；公共汽电车港湾式站台较少，车辆进站时与非机动车交叉混行的情况较多，部分公交站台区域被社会车辆临时停车占道使用；老弱病残孕群体在车辆启停时不稳当，存在摔倒或摔伤风险；公共汽电车行驶环境较差，小汽车与公共汽电车抢道、机非混行情况较为普遍，易造成公共汽电车车辆急停，存在乘客安全风险。

（3）影响城市骑行安全出行的潜在问题包括：非机动车道路沟坎、井口较多，降水、雨雪天气骑行时易滑倒；非机动车道设置不足；部分地区机非隔离设施不足；私人电动自行车超速、闯红灯等交通违法现象较为普遍；机动车占用非机动车道现象较为普遍，存在安全风险。调查显示，骑行安全性方面还有较大的提升空间。

出行便捷性

1. 调查结果

在便捷性方面，36个典型城市公共交通出行换乘系数在1.15～1.63。杭州、合肥、武汉、广州等17个城市公共交通出行换乘系数超过1.50，其中北京、上海、成都3个城市超过1.60。36个典型城市公共交通出行换乘系数情况如图3-6所示。

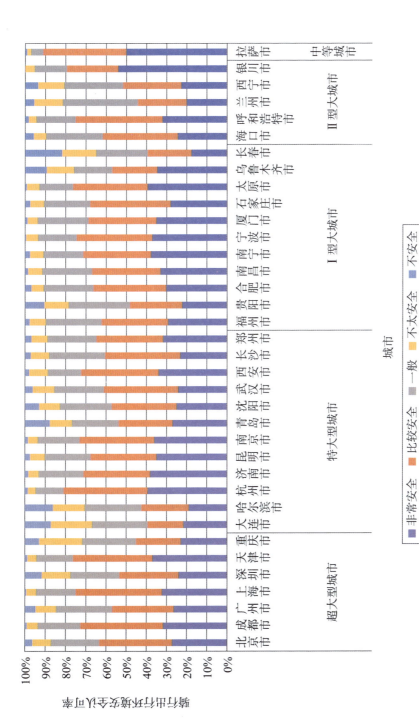

图 3-4 典型城市骑行出行环境安全认可情况

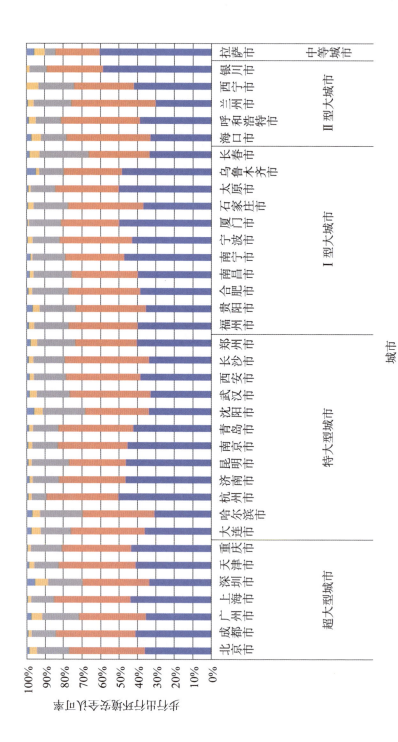

图3-5 典型城市步行出行环境安全认可情况

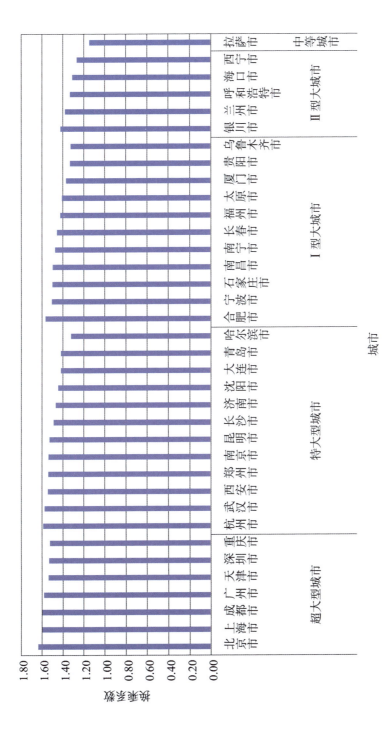

图3-6 典型城市公共交通出行换乘系数

36个典型城市公共交通出行直达占比在36.71%~85.38%，一次换乘占比在14.25%~36.55%，一次以上换乘占比在0.36%~28.18%。36个典型城市公共交通出行换乘情况如图3-7所示。

36个典型城市进出公交系统步行距离在761.7~1193.7m，其中北京、天津、南京、郑州、重庆等18个城市进出公交系统步行距离超过1km。36个典型城市的进出公交系统步行距离情况如图3-8所示。

2. 主要结论

(1) 换乘系数在不同规模城市的组间存在差异。超大城市的公共交通出行换乘系数最高，为1.57；特大型、Ⅰ型和Ⅱ型大城市的换乘系数分别为1.49、1.44和1.34，部分Ⅰ型和Ⅱ型大城市的换乘系数高于组内平均水平，存在进一步优化公共交通线网布局的空间。

(2) 换乘率与城市规模相关性强，规模越大的城市换乘率越高。"换乘率"即城市公共交通出行中，需要换乘一次及以上的出行次数占总出行次数的比例。36个城市的平均换乘率约为46.1%，超大和特大型城市换乘率高于平均值，分别为57.0%和48.7%；Ⅰ型和Ⅱ型大城市的换乘率分别为43.9%和34.0%。其中，哈尔滨相比于组内其他城市和较小规模城市的直达率较高。

(3) 一次以内换乘率（直达占比和一次换乘占比之和）不同规模城市的组间差异较大。超大、特大型城市和Ⅰ型、Ⅱ型大城市的一次以内换乘率分别为76.6%、83.4%、88.2%和93.6%，直达占比的平均值是53.9%，超大型城市直达占比均低于平均值，特大城市中除大连、哈尔滨、青岛、沈阳外均低于平均值。

(4) 典型城市进出公交系统的步行距离在1km左右。36个典型城市进出公交系统需要步行距离的平均值为996m，超大型、特大型和Ⅰ型大城市分别为1037m、1016m和1017m，在这一指标上大于Ⅱ型大城市(877m)。广州、哈尔滨、厦门、西宁的公交系统步行距离分别为977m、844m、861m和762m，在各自所在的城市规模组内相对较短。

图 3-7 典型城市公共交通出行直达和一次及一次以上换乘率情况

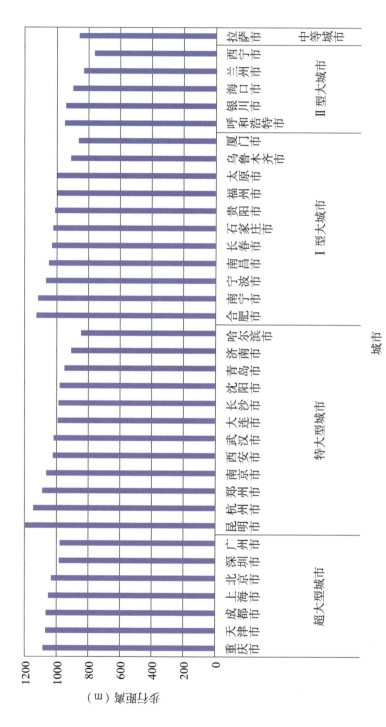

图3-8 典型城市进出公交系统步行距离情况

四 出行高效性

1. 调查结果

在出行效率方面，31个典型城市高峰时段公共汽电车与小汽车行程速度比在 0.36～0.51，其中，沈阳、太原、海口的高峰时段公共汽电车与小汽车行程速度比超 0.50；南宁、乌鲁木齐的高峰时段公共汽电车与小汽车行程速度比低于 0.40。31个典型城市高峰时段公共汽电车与小汽车行程速度比情况如图 3-9 所示。由于未能获取大连、呼和浩特、拉萨、银川、西宁 5 个城市的公共汽电车和小汽车的速度数据，因此未包含在内。

36个典型城市高峰期公共交通出行时长 15min、15～30min、30～45min、45～60min、60～90min、90min 以上的出行者比例分别为 20.4%、23.9%、21.4%、17.5%、11.1% 和 5.8%。36个典型城市高峰时段公共交通通勤用时情况如图 3-10 所示。

2. 主要结论

（1）高峰时段公共汽电车与小汽车速度比总体处于中等水平。31个城市的高峰时段公共汽电车与小汽车速度比平均值为 0.46，城市公共汽电车出行网络基本通畅，但仍有一定提升空间。超大型、特大型城市和Ⅰ型、Ⅱ型大城市速度比最高的城市分别为天津（0.49）、沈阳（0.50）、太原（0.51）、海口（0.51），在 31 个城市范围内均属于较高水平。

（2）45min 以内通勤比例仍有一定提升空间。约有 65.7% 的出行者在高峰期的公共交通通勤时长在 45min 以内。按不同通勤时长分组来看，深圳、上海、哈尔滨的通勤时长在 45～60min 组的占比最高，比例分别为 22.8%、22.7% 和 22.1%，相比其他城市通勤压力最大；西宁、长春、大连的通勤时长在 30～45min 组的最多，通勤压力排在第二梯队；其余城市的通勤时长主要在 30min 以内，通勤时长分布在不同规模城市的组间差异较小。通勤时长在 60～90min 和 90min 以上的视为超长通勤，北京、重庆、上海、深圳的超长通勤比例高于其他城市，分别为 30.0%、21.3%、21.0% 和 19.4%。

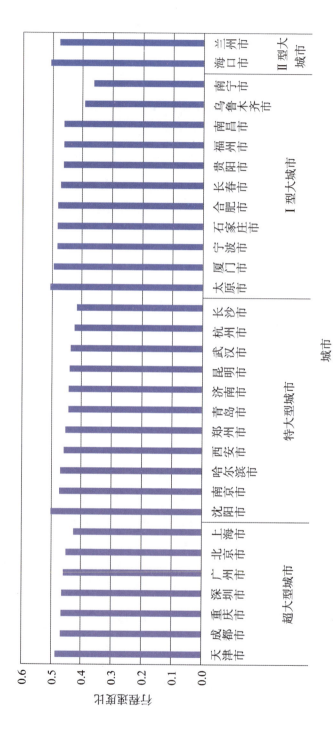

图 3-9 城市高峰时段公共汽电车与小汽车行程速度比

第三章
绿色出行社会调查与分析

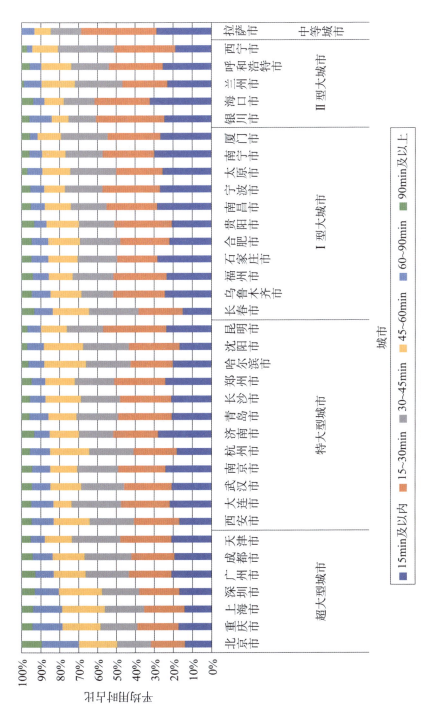

图3-10 城市高峰期使用公共交通通勤平均用时

五 出行经济性

1. 调查结果

在经济性方面,36个典型城市公共交通占居民可支配收入比例在0.93%~3.26%,私人小汽车出行成本占居民可支配收入比例在7.33%~19.68%。36个典型城市公共交通与私人小汽车出行成本占居民可支配收入比例情况如图3-11所示。

在城市轨道交通客运强度方面,32个已开通轨道交通服务的典型城市轨道交通客运强度在0.27万人次/(km·日)至1.31万人次/(km·日),其中,北京、上海、广州、深圳、重庆、成都、哈尔滨、杭州、武汉、长沙、西安、南昌、南宁、兰州等14市的城市轨道客运强度超过0.70万人次/(km·日)。32个典型城市轨道客运强度情况如图3-12所示。

2. 主要结论

(1)公共交通出行成本占比整体较低。36个典型城市的公共交通出行成本占居民可支配收入比例平均约为1.8%,不同规模城市的组间差异较小,主要原因是所有城市都在实行总体低票价制度。

(2)各城市公共交通出行成本占比差异较大。36个典型城市中有15个城市的公共交通出行成本占比高于平均水平,其中重庆占比最高,达到3.3%;宁波、南京、厦门等地占比最低,分别为0.9%、1.1%和1.2%。

(3)超大、特大型城市私人小汽车出行成本占居民可支配收入比例更低。36个典型城市的私人小汽车出行成本占居民可支配收入比例平均约为12.4%,其中超大、特大型城市私人小汽车出行成本占居民可支配收入比例普遍低于Ⅰ型、Ⅱ型大城市,超大、特大型城市及Ⅰ型、Ⅱ型城市的平均比例分别为8.8%、11.7%、13.2%和13.0%。表明超大、特大型城市在城市核心区、拥堵区域仍存在实施价格调控政策的空间,以进一步提升绿色出行比例。

(4)城市轨道交通客运强度的差异性较大。32个已开通轨道交通服务的典型城市轨道客运强度平均水平为0.71万人次/(km·日),其中北京、上海、广州等14个城市客运强度超过均值。超大城市、特大城市和大城市的平均客运强度分别为1.02万人次/(km·日)、0.67万人次/(km·日)和0.57万人次/(km·日),城市人口规模对客流强度的影响较大,发展轨道交通需科学预测客流强度。

第三章 绿色出行社会调查与分析

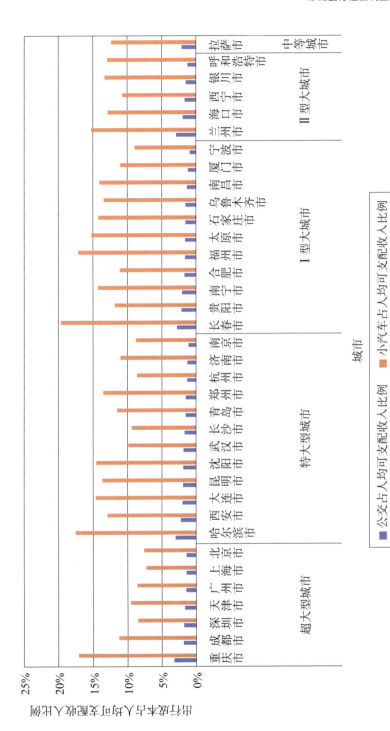

图3-11 城市公共交通与私人小汽车出行成本占人均可支配收入比例

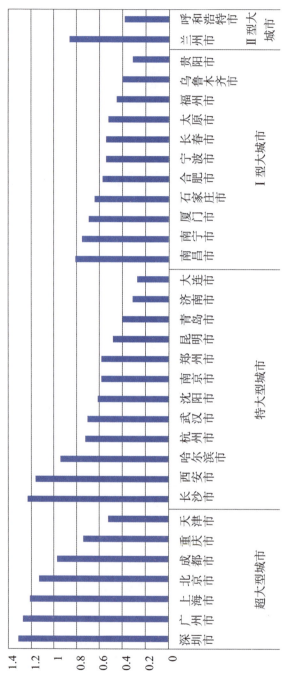

图3-12 32个典型城市轨道交通客运强度

（5）大部分城市轨道交通客运强度有待提升。仅有北京、上海、广州、深圳、长沙、西安6个城市的客运强度超过1.00万人次/（km·日）。按照国家对地铁线路运营初期客运强度0.70万人次/（km·日）的规划要求，多数城市未满足要求，轨道交通吸引力和可持续发展能力还有待提升。

六 出行满意度

1. 调查结果

在满意度方面，36个典型城市的公共交通服务平均满意率（包括非常满意和比较满意）为77.9%，保持较高的整体水平。天津、上海、深圳等城市公共交通服务满意率超过80%。此外，北京、济南、郑州、武汉等城市超过75%。36个典型城市的公共交通服务满意率情况如图3-13所示。

在骑行方面，36个典型城市的骑行环境满意率（包括非常满意和比较满意）在84.2%~35.4%。北京、昆明、西安、郑州等城市骑行环境满意率均超过60%，其中天津、上海、成都等城市骑行环境满意率超过了70%。36个典型城市的骑行出行环境满意率情况如图3-14所示。

在步行方面，36个典型城市的步行出行环境满意率（包括非常满意和比较满意）在87.3%~57.7%。超大城市、特大城市、Ⅰ型大城市和Ⅱ型大城市的步行出行环境平均满意率分别为73.6%、72.9%、72.9%和71.2%。36个典型城市的步行出行环境满意率情况如图3-15所示。

36个典型城市出行者认为绿色出行需要提升的方面如图3-16所示。

36个典型城市不同年龄段出行者认为绿色出行需要改进的方面的情况如图3-17所示。

2. 主要结论

（1）公共交通服务满意率达77.9%。超大城市公共交通服务满意率（包括非常满意和比较满意）最高，平均满意率为80.6%。特大城市、Ⅰ型大城市和Ⅱ型大城市的平均满意率分别为77.1%、74.8%和69.1%。上海、银川、杭州和成都的公共交通服务满意率最高，分别为85.9%、85.7%、84.4%和83.5%。

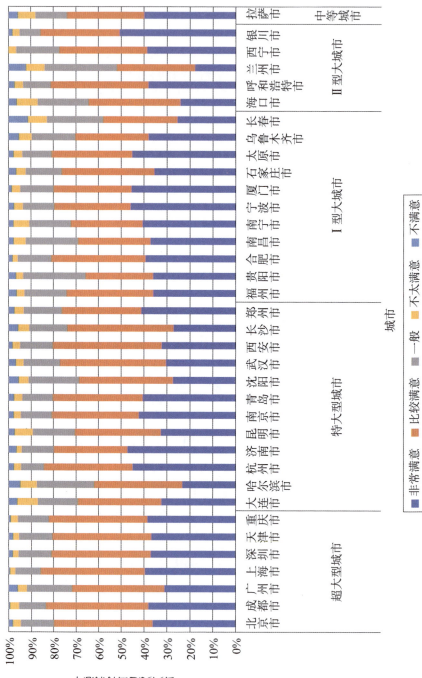

图3-13 典型城市公共交通出行满意率

第三章 绿色出行社会调查与分析

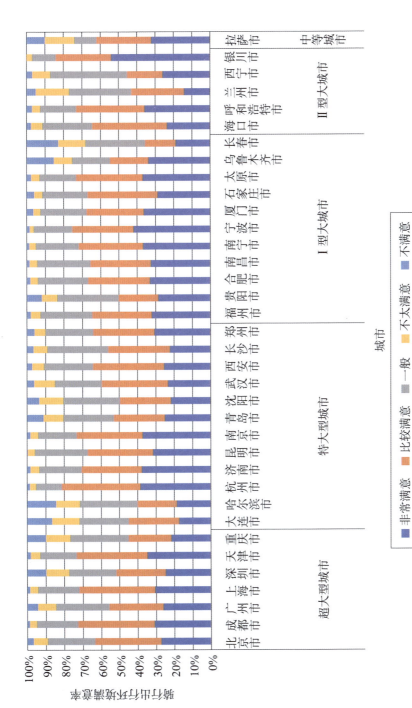

图3-14 骑行出行环境满意率

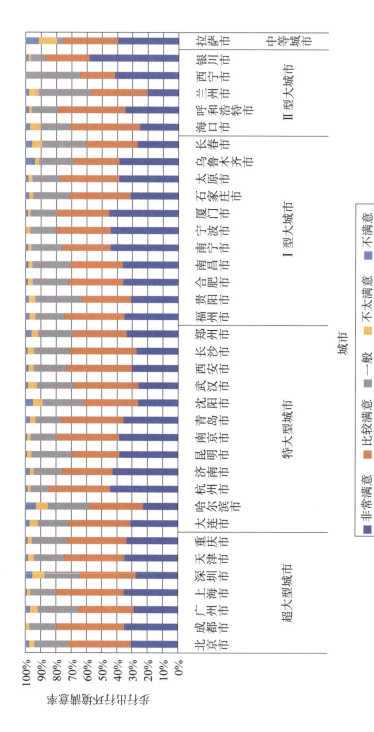

图3-15 步行出行环境满意率

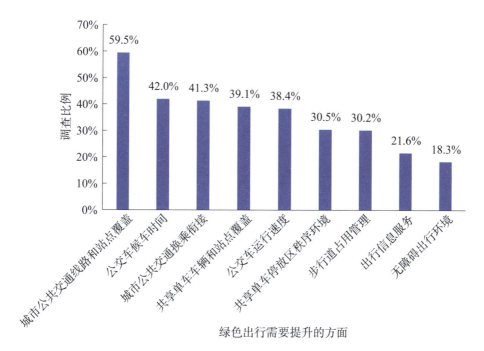

图 3-16　出行者认为绿色出行需要提升的方面

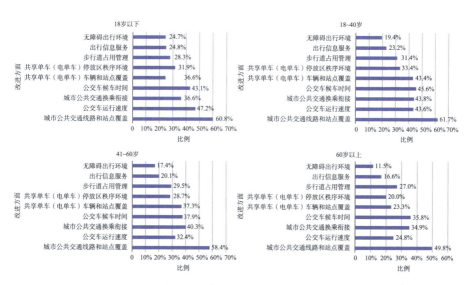

图 3-17　不同年龄段出行者群体认为绿色出行需要改进的方面

（2）城市骑行环境满意率为 63.9%。36 个典型城市的骑行环境满意率（包括非常满意和比较满意）为 63.9%，有较大提升空间。其中超大城市满意率最高，为 64.5%，特大城市、Ⅰ型大城市和Ⅱ型大城市的平均满意率分别为 63.1%、64.4% 和 61.9%。银川、杭州、宁波、天津的满意率较高，分别为 84.1%、81.2%、75.4% 和 73.4%。

（3）城市步行环境满意率为 73.1%。不同规模城市的组间差异较小，银川、杭州、宁波、厦门满意率最高，分别为 87.3%、85.0%、80.2% 和 80.0%；贵阳、沈阳、长春、哈尔滨、兰州等城市的步行环境满意率接近或低于 60%。

（4）绿色出行政策产生积极影响。约有 69.5% 的出行者认为城市采取的多种政策措施有效推动了绿色出行发展，77.5% 的出行者认为对绿色出行宣传促使其更多地选择绿色出行方式，但在私人小汽车管控政策（如停车收费、限行、限购等）方面，仅有 40% 的出行者认为相关政策促使他们更多地选择绿色出行方式，说明当前城市综合运用法律、经济、科技、行政等手段，有效调控、合理引导个体机动化交通需求的能力仍有待加强。

（5）"提升公交线路和站点覆盖"是出行者对绿色出行服务最迫切的需求。59.5% 的出行者认为，"提升公交线路和站点覆盖"是当前绿色出行环境最需要提升的方面。其次，出行者对优化"公共汽电车候车时间""城市公共交通换乘衔接""共享单车车辆和站点覆盖"，以及提升"公共汽电车运行速度"也有较大的需求。其中，老年群体（60 岁及以上）相对于其他群体对共享单车关注较少；18 岁以下及 18～40 岁年龄群体较为关注"公共汽电车运行速度"和"城市公共交通换乘衔接"，体现了公共交通系统运行效率的重要性。

第四章

绿色出行发展水平评价

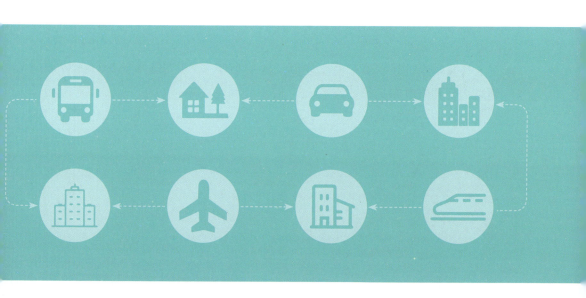

第四章 绿色出行发展水平评价

第一节 国内外类似指标体系

国内指标体系

1. 公交都市考核评价指标体系

2013年，交通运输部印发的《关于印发〈公交都市考核评价指标体系〉的通知》（交运发〔2013〕387号）提出了公交都市考核评价指标体系，其中共设置指标30个，分为20个考核指标和10个参考指标（表4-1）。

公交都市考核评价指标体系　　　　表4-1

指标类型	指标	满分
考核指标	1. 公共交通机动化出行分担率	40
	2. 公共汽电车线路网比率	25
	3. 公共交通站点500m覆盖率	30
	4. 万人公共交通车辆保有量	20
	5. 公共交通正点率	25
	6. 早晚高峰时段公共汽电车平均运营时速	30
	7. 早晚高峰时段公共交通平均拥挤度	25
	8. 公共交通乘客满意度	35
	9. 公共汽电车进场率	25
	10. 公交专用车道设置率	40
	11. 绿色公共交通车辆比率	35
	12. 公共汽电车责任事故死亡率	15
	13. 轨道交通责任事故死亡率	15
	14. 城乡客运线路公交化运营比率	15
	15. 公共交通运营补贴制度及到位率	40
	16. 公共交通乘车一卡通使用率	15
	17. 公共交通一卡通跨省市互联互通	15
	18. 公共交通智能化系统建设和运行情况	15
	19. 城市公共交通规划编制和实施情况	20
	20. 建设项目交通影响评价实施情况	20

续上表

指标类型	指标	满分
参考指标	21. 公共交通出行分担率（不含步行）	6
	22. 公共交通人均日出行次数	6
	23. 公共汽电车线路网密度	5
	24. 公共汽电车平均车龄	5
	25. 公共交通投诉处理完结率	5
	26. 公共汽电车车均场站面积	4
	27. 公共汽电车港湾式停靠站设置率	5
	28. 公交优先通行交叉口比率	5
	29. 公共交通职工收入水平	4
	30. 公共交通优先发展配套政策制定情况	5

该指标体系已在全国上百个城市的公交都市创建和 74 个城市的公交都市验收中得到了充分运用，对加快国家公交都市建设、提升城市公共交通发展水平发挥了重要作用。

2. 绿色出行创建行动指标体系

2021 年，交通运输部和国家发展改革委联合发布《绿色出行创建行动考核评价标准》（交办运函〔2021〕1664 号），提出了绿色出行创建行动指标体系，共有绿色出行比例、绿色出行服务满意率、新能源和清洁能源公交车比例等 10 项指标，见表 2-1。在对全国 100 余个绿色出行创建城市考核评价中，该指标体系取得了很好的应用效果。

3. 绿色发展指标体系

2016 年，国家发展改革委、国家统计局、环境保护部和中央组织部共同印发《关于印发〈绿色发展指标体系〉〈生态文明建设考核目标体系〉的通知》（发改环资〔2016〕2635 号），作为生态文明建设评价考核的依据。该指标体系中构建了资源利用指数、环境治理指数、环境质量指数、生态保护指数、增长质量指数、绿色生活指数和公众满意程度指数共 7 个分类指数。

绿色发展指标体系采用综合指数法进行测算，"十三五"期间，以 2015 年为基准期，结合"十三五"规划纲要和相关部门规划目标，测算全国及分地区绿色发展指数（加权），该数值包括资源利用指数、环境治理指数、环境质量指数、生态保护指数、增长质量指数、绿色生活指数共 6 个分类指数。绿色发展指数由除"公众满意程度"之外的 55 个指标个体指数加权平均计算而成。

绿色发展指标按评价作用分为正向和逆向指标，按指标数据性质分为绝对数和相对数指标，需对各个指标进行无量纲化处理。具体处理方法是将绝对数指标转化成相对数指标，将逆向指标转化成正向指标，将总量控制指标转化成年度增长控制指标，然后再计算个体指数。

绿色发展指标体系中的绿色生活指数包含 2 项与绿色出行相关的指标：一是新能源汽车保有量增长率，权数为 1.83%，负责部门是公安部，该指标是《国民经济和社会发展第十三个五年规划纲要》和《中共中央、国务院关于加快推进生态文明建设的意见》中提出的主要监测评价指标；二是绿色出行（城镇每万人口公共交通客运量），用于评价绿色出行的强度，权数为 0.92%，负责部门是交通运输部和国家统计局。该指标体系对推动全国绿色发展，支撑全国生态文明建设考核评价发挥了重要作用。

4. 绿色城市评价指标

绿色城市评价指标（项目原名为《绿色城镇评价指标》）是根据国家标准化管理委员会 2016 年提出的国家标准制修订计划，由中国标准化研究院归口，深圳市标准技术研究院、中国科学院科技政策与管理科学研究所等单位负责起草的国家标准，目前该标准仍处于报批阶段。该标准将"绿色"作为城市建设思考的一个维度，设计出一套完整的评价标准，在宏观上可作为城市绿色发展政策制定的工具，在微观上可作为城市规划的抓手。

该指标体系包含绿色生产、绿色生活、环境质量 3 个一级指标，权重分别为 35%、30%、35%。其中"绿色交通"作为绿色生活的二级指标，权重为 30%，包含必选指标 3 个，分别是清洁能源公共车辆比例、万人公共交通车辆保有量、公共交通出行分担率，权重分别为 25%、20%、25%；可选指标 4 个，分别是慢行交通网络覆盖率、绿色出行比例、公共事业新能源车辆比例、公共交通站点 500m 覆盖率，权重均为 15%，实际应用过程中四选二。

5. 安徽省绿色生态城市建设指标体系

安徽省住房城乡建设厅于 2017 年发布了《安徽省绿色生态城市建设

指标体系》，用于指导绿色生态城市建设工作，提出了用于"指导+考核"的指标体系，该指标体系包含综合指标、绿色规划引领、绿色城市建设、绿色建筑推广、城市智慧管理和绿色生活倡导六大类共40项指标，涵盖城市设计和城市风貌保护、综合管廊、公园绿地、可再生能源建筑应用、绿色建筑、装配式建筑、绿色建材、智慧城管等内容，涉及城市规划建设管理服务各个环节。在绿色出行方面，该指标体系对新能源汽车推广、绿色宣传与教育等提出了要求。该指标体系取得了很好的应用效果。

6. 西安市绿色出行指数

由西安市公安局交警支队牵头，西安市发布了《2021年度绿色出行指数年度报告》，提出了西安市绿色出行评价指标体系，其中包括6个维度、26项评价指标（表4-2）。

西安市绿色出行指数　　　　　　　　　表4-2

维度	指标
出行结构水平	1. 绿色出行比例
	2. 公共交通机动化出行分担率
空间组织集约度	3. 平均通勤时间
	4. 职住分离度
公共交通	5. 常规公交站点500m覆盖率
	6. 公交专用道设置率
	7. 高峰期公共汽电车平均运营速度
	8. 高峰期公共汽电车平均满载率
	9. 公共汽电车日均载客量
	10. 轨道站点800m人口岗位覆盖率
	11. 轨道客运强度
步行	12. 步行网络密度
	13. 主干路人行横道信控率
	14. 步行道品质（含宽度、铺装、遮阴、无障碍）
	15. 人行道占用率
	16. 行人非机动车相关事故万人伤亡数
自行车	17. 自行车道网络密度
	18. 主干路自行车道物理隔离比例

续上表

维度	指标
自行车	19. 自行车道品质（含宽度、铺装、遮阴）
	20. 自行车道占用率
	21. 非机动车通行守法率
智慧低碳	22. 新能源和清洁能源公交车比例
	23. 新能源汽车比例
	24. 公共充电基础设施覆盖率
	25. 高峰期干路网平均速度
	26. 智能信号控制路口比例

通过该指标体系，可实现对西安市绿色出行的设施供给、服务水平、政策管理等各方面进行系统全面的评价。通过持续跟踪分析，可评估各项行动措施的实施效果，对提升绿色出行水平方面宏观战略政策的制定具有重要的指导意义。

此外，其他研究机构也提出了各具特色的绿色出行评价指标体系，取得了较好的应用效果，例如阿里云联合浙江省数据开放融合关键技术研究重点实验室发布的《城市绿色出行指数白皮书》提出了基于城市居民画像、居民出行特征、绿色交通设施画像、城市交通碳排放4个维度的评价体系。

国外指标体系

1. 可持续宜居型交通规划评价指标体系

Todd Litman 提出了主要基于经济性、社会性和环境性的可持续宜居型交通规划评价指标体系（表4-3）。

可持续宜居型交通规划评价指标体系　　　　表4-3

维度	关注问题	指标
经济性	生产力	1. 平均GDP
		2. 交通行业预算占比
		3. 拥堵导致的平均延误
		4. 有效的收费政策

续上表

维度	关注问题	指标
经济性	生产力	5. 有效的交通供给控制政策
	经济发展	6. 教育与工作机会的获取难易度
		7. 交通对当地产业的支持程度
	能效	8. 平均交通能耗
		9. 平均进口燃料消耗量
	支付能力	10. 各类出行方式的可获取性和价格水平
		11. 交通支出占家庭收入20%以上的低收入家庭的占比
	交通运营效率	12. 运营效率审计结果
		13. 交通服务部门获取的资金与补贴
		14. 交通服务质量
社会性	公平性	15. 交通系统从业人员多元化
		16. 失能群体和低收入群体的可达地点数量占比
	安全与健康	17. 平均交通事故率
		18. 乘客犯罪率
		19. 用户受到污染的情况
		20. 步行与骑行占出行总量比例
	社区发展	21. 土地使用与规划评价
		22. 适宜步行与骑行的程度
		23. 道路质量与街区环境
	文化遗产保护	24. 对文化资源与传统的保护
		25. 对传统社区需求的响应
环境性	气候保护	26. 全球大气污染物平均排放
	防止空气污染	27. 局地空气污染物平均排放
		28. 空气质量标准与管理办法
	防止噪声污染	29. 交通噪声等级
	减少水体污染	30. 平均燃料消耗
		31. 对废油、道路裂隙、排水系统的管理
		32. 平均可渗透路面面积
	开放空间与生物多样性保护	33. 交通设施平均占地面积
		34. 交通对精细化发展的支持
		35. 高价值农业用地与栖息地的保护政策

2. 可持续城市移动性指标体系

欧盟交通运输局提出了可持续城市移动性指标（Sustainable Urban Mobility Indicators，SUMI），其中包含公共交通满意度、获得出行服务、出行不便群体公共交通无障碍可达性、空气污染排放等18个指标（表4-4）。

可持续城市移动性指标体系　　表4-4

序号	指标	指标定义
1	公共交通满意度	使用公共交通工具的满意度
2	获得出行服务	可恰当使用公共交通出行人口比例
3	出行不便群体公共交通无障碍可达性	公共交通无障碍出行比例
4	空气污染排放	年人均 PM2.5 排放指数
5	温室气体排放污染	温室气体排放量（t 二氧化碳/人均每年）
6	噪声干扰	受城市交通产生的噪声干扰人口百分比
7	步行与自行车出行机遇	有人行道、自行车道、限速区的道路比例
8	死亡重伤	每10万名居民在交通事故发生30天内死亡人数
9	主动出行方式下的交通安全	每年每10亿人中因主动出行引起交通事故30天内导致死亡数
10	拥堵延误	私人交通和公共交通在交通走廊上延误加权
11	贫困群体公共交通可负担性	25%最贫困家庭预算中公交月票占比
12	能源效率	能源消耗率（MJ/km）
13	多模式整合	城市交通换乘节点的多种交通方式衔接水平
A1	通勤出行时间	平均通勤出行时间
A2	城市功能多样性	区域内空间功能的混合程度
A3	交通空间利用	人均直接/间接使用的出行面积
A4	公共空间品质	绿色和非绿色公共空间平均满意度
A5	安全感	城市交通中犯罪风险和乘客安全感

除上述13个核心指标和5个非核心指标外，还可以增加报废车辆回

收率、清洁能源消耗量占比、公交站点 300～500m 范围内人口数量占比、公众在交通政策制定过程中的参与度、不同通勤方式的比例、公共交通服务质量、宣传工作程度等相关指标。

第二节 绿色出行指数构建

一 绿色出行指数定义

绿色出行指数是由多个单项反映城市绿色出行基础设施、服务质量、装备水平等方面的基础指标构成的综合指数，以直观的量化数据反映城市绿色出行发展水平。绿色出行指数可作为交通强国指标体系的重要组成和支撑，用于度量和监测城市绿色出行发展程度，引领推动城市交通的绿色发展。

绿色出行指数具有如下特征：一是复合性，涵盖步行、自行车、公共交通等绿色出行方式，能够全面系统地反映城市绿色出行各方面综合水平；二是单向性，即指数值越高，则表示城市绿色出行水平越高；三是定量性，通过城市绿色出行指数，可以诊断出城市在绿色出行发展中的薄弱环节，为全面构建绿色出行体系提供理论支持，同时提升公众对城市绿色出行发展的认知度和参与度。

二 城市绿色出行指数指标体系构建

1. 构建背景

《交通运输部等十二部门和单位关于印发绿色出行行动计划（2019—2022 年）的通知》（交运发〔2019〕70 号）提出绿色出行行动计划的总体要求是"到 2022 年，初步建成布局合理、生态友好、清洁低碳、集约高效的绿色出行服务体系，绿色出行环境明显改善，公共交通服务品质显著提高，在公众出行中的主体地位基本确立，绿色出行装备水平明显提升，人民群众对选择绿色出行的认同感、获得感和幸福感持续加强"，同时提出了构建完善综合运输网络、大力提升公共交通服务品质、优化慢行交通系统服务、推进实施差别化交通需求管理、提升绿色出行装备水平、大力培育绿色出行文化、加强绿色出行保障等七项重点任务。

《交通运输部 国家发展改革委关于印发〈绿色出行创建行动方案〉的通知》（交运函〔2020〕490号）中明确了绿色出行创建行动的创建目标，提出了绿色出行成效显著、推进机制健全有效、基础设施更加完善、新能源和清洁能源车辆规模应用、公共交通优先发展、交通服务创新升级、绿色文化逐步形成等七项创建标准，以及加强协作联动、完善支持政策、加强宣传交流等保障措施，全国绿色出行创建行动正式启动。综合上述政策文件的相关要求，绿色出行创建行动的总体目标和引导方向可以总结为：基础设施更加完善、出行服务更加便捷、出行装备更加绿色、创新服务更加先进、文化宣传更加有力、保障机制更加健全。

2022年5月，交通运输部、国家发展改革委联合开展了对绿色出行创建城市开展考核评价工作，绿色出行创建行动示范工作取得了显著成效，北京、天津、上海等97个城市通过了考核评价。在此背景下，开展绿色出行指数研究工作，对巩固和提升绿色出行创建成效及深化开展绿色出行发展工作具有重要意义。

2. 指标选取原则

从上述研究来看，涉及绿色出行的指标较多，侧重点也各不相同，选取不同指标对绿色出行评价结果影响很大。为了使评价结论尽可能客观、科学、全面，本次评价指标选取遵循以下原则：

（1）科学性原则。指标应当具有明确的科学内涵，指标体系应当能够反映出绿色出行发展所达到的目标程度的信息。指标之间应协调一致并具有独立性，保证每个指标能够从不同方面科学地、客观地反映城市绿色出行的发展情况。

（2）系统性原则。根据《绿色出行创建行动方案》的相关要求，绿色出行是指城市居民使用城市轨道交通、公共汽电车、自行车和步行等方式的出行。指标体系应覆盖城市居民绿色出行全方式和全出行链。

（3）可比性原则。指标的数据来源要可靠，口径要统一，使用相同指标得出的结论应当可相互比较，不仅可用于不同城市之间的横向比较，有利于找出不同类型特征的城市在发展绿色出行方面存在的差距，也可用于城市不同时期的纵向比较，有利于找出该城市在不同发展时期绿色出行的发展差距和问题所在。

（4）简明适用性原则。指标既要能客观、全面、科学地反映绿色出行发展的整体特征，又要重点突出，关注有关服务体验指标，关注不同群体多种出行方式的体验，包括自行车、步行等慢行出行方式体验，以及设施装备无障碍化水平等。选择的指标要少而精、简单明了，具有代表性，降低评价结果的冗余度。

（5）可操作性原则。指标应当含义明确且容易被理解，指标范围可界定，使用指标所产生的费用和需要的工作时间是可以承受的，指标量化所需资料收集方便，指标要容易被计算或有可靠的数据来源。个别意义重要的指标，如数据难以获取，可采用其他指标替代。

3. 指标筛选

通过分析相关指标体系包含的指标，以及行业内目前普遍使用的指标，关于绿色出行基础设施的相关指标汇总见表4-5。

基础设施相关指标汇总 表4-5

序号	指标	指标出处
1	城市建成区平均道路网密度	绿色出行创建行动方案、城市体检
2	城市建成区道路面积率	绿色出行创建行动方案
3	公共交通站点覆盖率	公交都市考核评价指标体系、城市体检、城市公共交通发展水平评价指标体系
4	公共汽电车线路网比率	公交都市考核评价指标体系、城市公共交通发展水平评价指标体系
5	公共汽电车线路网密度	公交都市考核评价指标体系
6	城市公共汽电车进场率	公交都市考核评价指标体系
7	城市公共汽电车车均场站面积	公交都市考核评价指标体系
8	公共汽电车港湾式停靠站设置率	公交都市考核评价指标体系
9	公共交通换乘衔接率	城市公共交通发展水平评价指标体系
10	公交专用道建设完成比例	城市公共交通发展水平评价指标体系
11	人行道设置比例	行业内普遍应用
12	专用自行车道密度	城市体检

在以上列出的指标中，城市建成区平均道路网密度、城市建成区道路面积率虽然是表现城市道路结构和道路网状况的优秀指标，但由于其与城

市建设和城市规划相关，在创建期内难以出现明显变化和提升，不适于作为评价创建成效的指标。公共汽电车线路网比率和公共汽电车线路网密度是评价公共汽电车线网覆盖水平的指标，由于城市居民出行需要通过站点进入公共交通系统，因此，遵照"重点关注出行体验"的原则，站点的覆盖水平相对更直接地体现乘客出行自身体验到的覆盖程度。城市公共汽电车进场率、车均场站面积是评价城市公共汽电车场站用地水平的指标，属于行业管理或企业运营层面，用户难以直接体验到。公共汽电车港湾式停靠站设置率对于已经发展较为完善的城市来说难以实现提升，同时港湾式停靠站主要是为了降低公共汽电车停站对正常行驶车辆的影响，对公共汽电车自身服务水平和服务质量的提升作用较为有限。公交专用道建设完成比例是考查城市公交专用道建设的重要指标，但公交专用道的建设成效主要体现在提升城市公共汽电车运行速度上，该指标将在出行服务评价层面保留，因此基础设施建设层面仍然是一个行业管理或企业运营层面的指标。

基于以上分析，经过对备选指标的筛选，基础设施更加完善准则层最终保留指标见表4-6。

基础设施更加完善准则层指标　　　　　　　　　　表4-6

序号	指标	指标出处
1	公共交通站点覆盖率	公交都市考核评价指标体系、城市体检、城市公共交通发展水平评价指标体系
2	人行道设置比例	行业内普遍应用
3	专用自行车道密度	城市体检

通过分析相关指标体系包含的指标，以及行业内目前普遍使用的指标，关于绿色出行服务水平的相关指标汇总见表4-7。

出行服务水平指标汇总　　　　　　　　　　表4-7

序号	指标	指标出处
1	绿色出行比例/城市公共交通机动化出行分担率	绿色出行创建行动方案、城市体检、公交都市考核评价指标体系、城市公共交通发展水平评价指标体系

续上表

序号	指标	指标出处
2	绿色出行服务满意率/公共交通乘客满意度	绿色出行创建行动方案、城市体检、公交都市考核评价指标体系、城市公共交通发展水平评价指标体系
3	公共交通正点率	公交都市考核评价指标体系
4	早晚高峰时段公共汽电车平均运营时速	绿色出行创建行动方案
5	早晚高峰时段公共交通平均拥挤度	绿色出行创建行动方案
6	公共自行车及共享单车日均使用次数	行业内普遍应用
7	城市常住人口平均单程通勤时间	城市体检
8	通勤距离小于5km的人口比例	城市体检
9	公共汽电车小汽车运行速度比	城市公共交通发展水平评价指标体系

  在以上列出的指标中，公共交通正点率仍是行业管理或企业运营层面的指标，由于极少有城市公布公共汽电车运行时刻表，乘客难以体验到公共汽电车服务是否正点，而多是通过等候时间来评价公共汽电车的服务质量。目前早晚高峰时段公共交通平均拥挤度仍然缺乏较为科学合理且成本低廉的采集手段，大多数仍以人工估算为主，准确性难以保证，且合理区间难以准确界定，不易评价。城市常住人口平均单程通勤时间、通勤距离小于5km的人口比例虽然是评价城市交通出行便捷程度的优秀指标，但其评价的范围包括了机动车，而非机动车不包含在绿色出行中。同时该指标值的高低与城市面积和城市形态有较大关系，出行服务的角度体现不足。

  基于以上分析，经过对备选指标的筛选，出行服务更加便捷准则层最终保留指标见表4-8。

第四章 绿色出行发展水平评价

出行服务更加便捷准则层指标　　　　　　　　　表 4-8

序号	指标	指标出处
1	绿色出行比例/城市公共交通机动化出行分担率	绿色出行创建行动方案、城市体检、公交都市考核评价指标体系、城市公共交通发展水平评价指标体系
2	绿色出行服务满意率/公共交通乘客满意度	绿色出行创建行动方案、城市体检、公交都市考核评价指标体系、城市公共交通发展水平评价指标体系
3	早晚高峰时段公共汽电车平均运营时速	绿色出行创建行动方案
4	公共自行车及共享单车日均使用次数	行业内普遍应用
5	公共汽电车与小汽车运行速度比	城市公共交通发展水平评价指标体系

通过分析相关指标体系包含的指标，以及行业内目前普遍使用的指标，关于绿色出行装备水平的相关指标汇总见表4-9。

出行装备水平指标汇总　　　　　　　　　表 4-9

序号	指标	指标出处
1	绿色公共交通车辆比率	公交都市考核评价指标体系
2	万人公共交通车辆保有量	公交都市考核评价指标体系、城市公共交通发展水平评价指标体系
3	公共汽电车平均车龄	公交都市考核评价指标体系
4	新能源和清洁能源公交车比例	绿色出行创建行动方案
5	公共交通车辆单位能源消耗强度	城市公共交通发展水平评价指标体系
6	公共交通车辆单位排放强度	行业内普遍应用

续上表

序号	指标	指标出处
7	充电设施车桩比	行业内普遍应用
8	车均充电设施功率	行业内普遍应用
9	公共自行车和共享单车人均投放量	行业内普遍应用
10	新增或更新一级踏步的低地板公共汽电车比例	行业内普遍应用

在以上列出的指标中，绿色公共交通车辆比率所考察的内容与新能源和清洁能源公交车比例一致，但分子、分母都增加轨道交通车辆数。但由于轨道交通都是使用电力运行的，实际关注重点仍然是公共汽电车车辆，因此保留新能源和清洁能源公交车比例指标即可。公共汽电车平均车龄本意是体现车况现状，而在目前新能源车辆推广应用的背景下，各城市均在大量更新新能源公交车，平均车龄必然较低，作为考核评价指标难以体现提升和工作成效，因此不宜纳入指标体系。公共交通车辆单位能源消耗强度是指公共交通车辆运行一定里程消耗的能源量，天然气、氢能源、电能等能源类型按照相关标准折算为标准煤进行计算，但在不同类型的城市，例如山地城市和高寒城市，能源消耗强度会产生较大的差异性，目标值难以设定。公共交通车辆单位排放强度可以利用车辆运行耗能情况，通过排放因子计算排放水平，但目前行业内对于公共汽电车运行的排放因子还没有统一认识，例如是计算全生命周期的排放量还是只计算车辆运行过程中的排放量等问题还没有得到解决。充电设施车桩比能够体现充电设施的建设情况，但由于充电桩的功率大小会对充电时间以及能够服务的车辆数产生很大影响，因此单纯计算设施的数量无法体现充电设施满足车辆充电的需求程度。车均充电设施功率在车桩比的基础上体现了不同功率充电设施的作用，反映充电设施是否能够满足车辆充电需求，但根据企业运营管理模式，车辆充电有快充和慢充等不同需求，因此本指标的目标值难以设定。

基于以上分析，经过对备选指标的筛选，出行装备更加绿色准则层最终保留指标见表4-10。

出行装备更加绿色准则层指标　　　　　表 4-10

序号	指标	指标出处
1	万人公共交通车辆保有量	公交都市考核评价指标体系、城市公共交通发展水平评价指标体系
2	新能源和清洁能源公交车比例	绿色出行创建行动方案
3	新增或更新低地板及低入口城市公共汽电车比例	行业内普遍应用

4. 指标定义和计算方法

按照全面性、引导性、客观可比性和可操作性原则，构建城市绿色出行指标体系（图 4-1）。以"绿色出行设施、绿色出行服务、绿色出行装备"作为准则层，研究提出结果类指标，其中，绿色出行设施指标覆盖公共交通、自行车、步行等城市居民绿色出行全方式和全出行链；绿色出行服务指标主要依据便捷程度、居民满意程度提出；绿色出行装备指标反映运输能力、能源结构和无障碍化水平。

1）公共交通站点覆盖率

指标定义：统计期内，中心城区的建成区内公共交通站点 300m 半径覆盖面积与中心城区的建成区面积之比。

计算公式：公共交通站点 300m 覆盖率 = 公共交通站点 300m 半径覆盖面积/中心城区的建成区面积 ×100%

2）人行道设置比例

指标定义：人行道面积与城市道路（除城市快速路）面积之比。

计算公式：人行道设置比例 = 人行道面积/［城市道路（除城市快速路外）面积］×100%

数据来源：由城市住建部门提供。

3）专用自行车道密度

指标定义：建成区范围内具有物理隔离的专用自行车道长度与建成区面积的比例。

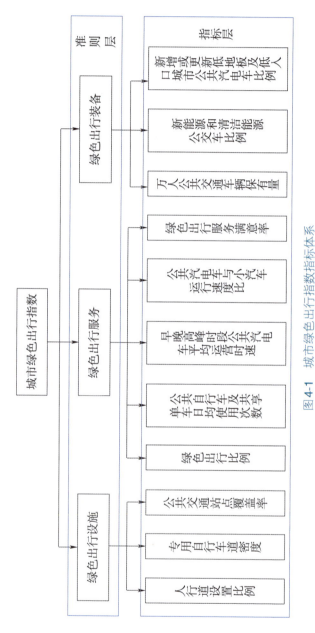

图 4-1 城市绿色出行指数指标体系

计算公式：专用道自行车道密度=专用自行车道长度/建成区面积×100%

数据来源：城市住建部门统计的专用自行车道长度，以及《城市建设统计年鉴》中的城市建成区面积。

4）绿色出行比例

指标定义：城市中心城区居民使用城市轨道交通、公共汽电车、自行车（包括电动自行车）和步行等绿色出行方式的出行量占全部出行量的比例。

计算公式：绿色出行比例=绿色出行方式出行量/城市出行总量×100%

数据来源：省级交通运输主管部门每年公布的相关数据，或依据国家标准《城市综合交通调查技术标准》（GB/T 51334—2018）相关要求，于验收开始前一年内开展的城市居民出行调查，样本量不低于5000份。

5）绿色出行服务满意率

指标定义：中心城区范围内，对城市绿色出行服务满意的出行者人数占被调查出行者总数的比例。

计算公式：绿色出行服务满意率 = 对城市绿色出行服务满意的人数/被调查总人数×100%

数据来源：省级交通运输主管部门每年公布的相关数据，或验收开始前一年内开展的城市居民绿色出行服务满意度调查，样本量不低于城市城区常住人口的万分之三。

6）早晚高峰时段公共汽电车平均运营时速

指标定义：统计期内，早晚高峰期公共汽电车实际运送乘客的年平均运营车速。（单位：km/h）

计算方法：早晚高峰时段公共汽电车平均运营时速 =（∑早晚高峰期班次平均运营车速）/早晚高峰期班次总数

数据来源：由城市交通运输主管部门提供，原则上应以车载定位终端数据为准，对于未安装车载定位终端的车辆，可以通过行车路单计算获得。

7）公共自行车及共享单车日均使用次数

指标定义：统计期内，城市公共自行车和共享单车平均每天的使用次数。（单位：次/天）

计算方法：公共自行车及共享单车日均使用次数 =（城市公共自行车

年使用次数+共享单车年使用次数）/365

数据来源：城市公共自行车年使用次数由城市交通运输主管部门提供，共享单车年使用次数由城市交通运输主管部门要求相关运营企业提供。

8）公共汽电车与小汽车运行速度比

指标定义：统计期内高峰小时时段，城市城区范围内应设置公交专用道的城市道路上公共汽电车平均行程速度与小汽车平均行程速度的比例。

计算方法：公共汽电车与小汽车速度比=高峰小时公共汽电车平均行程速度/高峰小时小汽车平均行程速度×100%

数据来源：由城市交通运输主管部门提供。

9）万人公共交通车辆保有量

指标定义：统计期内，按市区人口计算的每万人平均拥有的公共交通车辆标台数。（单位：标台/万人）

计算方法：万人公共交通车辆保有量=公共汽电车标准运营车数/（10^{-4}城市城区人口总数）

数据来源：公共汽电车标准运营车数由城市交通运输主管部门提供；城市城区人口数来自城市建设统计年鉴。

10）新能源和清洁能源公交车比例

指标定义：新能源和清洁能源公共汽电车车辆数占城市公共汽电车车辆总数的比例。

计算方法：新能源和清洁能源公交车比例=新能源和清洁能源公共汽电车车辆数/公共汽电车车辆总数×100%

其中，新能源和清洁能源公共汽电车车辆包括：混合动力车、燃料电池电动车、氢发动机车、纯电动车、其他新能源（如高效储能器、二甲醚）车，液化石油气汽车、压缩天然气汽车、液化天然气汽车、压缩煤层气汽车、无轨电车等。

数据来源：由城市交通运输主管部门提供。

11）新增或更新低地板及低入口城市公共汽电车比例

指标定义：新增或更新的低地板及低入口城市公共汽电车车辆占公共汽电车车辆总数的比例。

计算方法：新增或更新低地板及低入口城市公共汽电车比例=新增或

更新低地板及低入口城市公共汽电车车辆数/新增或更新公共汽电车车辆总数×100%

低地板及低入口城市公共汽电车是指乘客可经一级踏步乘车的城市公共汽电车,同时一级踏步离地高度应满足以下条件:低地板城市客车≤360mm;低入口城市客车空气悬架≤360mm,机械悬架≤380mm。[参考《低地板及低入口城市客车结构要求》(GB 19260—2016)]

数据来源:由城市交通运输主管部门提供。

三 城市绿色出行指数测算方法

通过对比分析各类模型构建方法的优缺点及适用性,研究选择综合指数法计算城市绿色出行指数。一是从公开统计年鉴、出版物中收集相关数据,根据指标计算公式,计算城市绿色出行指标;二是对城市绿色出行指标值进行标准化处理;三是计算指标权重;四是利用综合指数法计算城市绿色出行指数。

1. 标准化处理

从一致性和可比性原则出发,采用定基极差法进行数据的标准化处理。极差标准化处理公式如下:

正向型指标:

$$Y_i = \frac{X_i - X_{i,\min}}{X_{i,\max} - X_{i,\min}} \times 40 + 60 \tag{4-1}$$

逆向型指标:

$$Y_i = \frac{X_{i,\max} - X_i}{X_{i,\max} - X_{i,\min}} \times 40 + 60 \tag{4-2}$$

式中,Y_i 为第 i 个指标的标准化值;X_i 为该指标的绿色出行指标值;$X_{i,\max}$、$X_{i,\min}$ 分别为该指标在所有城市绿色出行指标值中的最大值、最小值。

2. 指标赋权

城市绿色出行指标的权重既要体现政策导向,突出指标本身重要性,又要显现被评价城市之间的区分度,指标赋权需兼顾主观权重和客观权重的优点,应采用组合赋权法。组合赋权法常用方法包括加法合成法、乘法合成法等。加法合成法不利于区别对待主客观权重信息中的优信息和差信息；乘法合成法导致了组合权重的"倍增效应"，使主、客观权重大的指标的组合权重更大，而权重小的指标的组合权重更小。本文采用级差最大化法，利用层次分析法、熵权法、基尼系数法分别计算主客观权重，根据主客观权重确定组合权重的合理取值区间，以该区间为约束，以被评价对象的区分度最大为目标函数建立优化模型，求解组合权重。

3. 单方法权重计算

1）层次分析法

选取多个专家对同一层次内 m 个指标的相对重要性（两两因素之间）进行打分。相对重要性的比例标度取 1~9，构造判断矩阵 A，用 a_{ij} 表示第 i 个因素相对于第 j 个因素的比较结果：

$$A = (a_{ij})_{m \times m} = \begin{bmatrix} a_{11} & a_{12} & \cdots & a_{1m} \\ a_{21} & a_{22} & \cdots & a_{2m} \\ \vdots & \vdots & \cdots & \vdots \\ a_{m1} & a_{m1} & \cdots & a_{mm} \end{bmatrix} \quad (4\text{-}3)$$

对判断矩阵的各行向量进行几何平均，再进行归一化，即得各评价指标权重和特征向量 W：

$$w_i = \overline{W}_i / \sum_{i=1}^{m} \overline{W}_i, \quad W = [w_1, w_2, \cdots, w_m] \quad (4\text{-}4)$$

通过特征向量 W 计算最大特征根和一致性指标 CI：

$$\lambda_{\max} = \frac{1}{m} \sum_{i=1}^{m} \frac{(AW)_i}{w_i} \quad (4\text{-}5)$$

$$CI = \frac{\lambda_{\max} - m}{m} \quad (4\text{-}6)$$

为了度量不同阶数判断矩阵是否具有满意的一致性，需引入判断矩阵的平均随机一致性指标 RI 值。判断矩阵的一致性比率 CR 为：

$$CR = \frac{CI}{RI} \quad (4\text{-}7)$$

1 至 15 阶判断矩阵的 RI 值见表 4-11。

判断矩阵 RI 值　　　　表 4-11

m	1	2	3	4	5	6	7	8
RI	0	0	0.52	0.89	1.12	1.26	1.36	1.41

续上表

m	9	10	11	12	13	14	15	—
RI	1.46	1.49	1.52	1.54	1.56	1.58	1.59	—

当阶数大于2，判断矩阵的一致性比率 CR<0.1 时，即认为判断矩阵具有满意的一致性，否则需要调整判断矩阵，以使之具有满意的一致性。

2）熵权法

设评价对象为 n 个，评价指标为 m 个，第 i 个评价指标对应的第 j 个评价对象为 x_{ij}，$i=1, 2, \cdots, m$，$j=1, 2, \cdots, n$。采用极差标准化法对各指标值 x_{ij} 转化成标准化指标 $\overline{\overline{x_{ij}}}$，形成标准化矩阵 $X=(\overline{\overline{x_{ij}}})$，设 E_i 为第 i 个评价指标的熵值，n 为评价对象的个数，则第 i 个评价指标的信息熵为：

$$E_i = -\frac{1}{\ln(n)}\sum_{j=1}^{n} f_{ij}\ln(f_{ij}) \tag{4-8}$$

$$f_{ij} = \frac{\overline{\overline{x_{ij}}}}{\sum_{i=1}^{n}\overline{\overline{x_{ij}}}} \tag{4-9}$$

如果 $f_{ij}=0$ 则定义 $\lim_{f_{ij}\to 0}f_{ij}\ln(f_{ij})=0$，设 ω_i 为第 i 个评价指标的熵权，m 为评价指标的个数，则第 i 个评价指标的熵权为：

$$\omega_i = \frac{1-E_i}{m-\sum_{i=1}^{m}E_i} \tag{4-10}$$

3）基尼系数法

设 G_k 为第 k 个指标的基尼系数值，评价对象为 n 个，评价指标为 m 个，Y_{ki} 为第 k 个指标的第 i 个数据，μ_k 为第 k 个指标所有数据的期望值。则第 k 个指标的基尼系数值 G_k：

$$G_K = \sum_{i=1}^{n}\sum_{j=1}^{n}|Y_{ki}-Y_{kj}|/2n^2\mu_k \tag{4-11}$$

对各指标的基尼系数值进行归一化得到第 k 个指标的基尼系数权重 g_k：

$$g_k = G_K/\left(\sum_{i=1}^{m}G_i\right) \tag{4-12}$$

4. 级差最大化组合权重优化模型计算

假设有 m 种赋权方法对 k 个指标进行赋权，可得到权重矩阵 A：

$$A = \begin{bmatrix} a_{11} & \cdots & a_{1m} \\ \vdots & & \vdots \\ a_{k1} & \cdots & a_{km} \end{bmatrix} \quad (4\text{-}13)$$

式中，a_{ij} ($i=1, 2, \cdots, k$; $j=1, 2, \cdots, m$) 为赋权方法 j 对 i 的赋权。

由权重矩阵 A 可以确定组合权重 $a = (a_1, a_2, \cdots, a_k)$ 的区间范围 $a_i \in [a_i^-, a_i^+]$，其中 a_i 为评价指标 i 的组合权重，$a_i^+ = \max(a_{i1}, a_{i2}, \cdots, a_{im})$，$a_i^- = \min(a_{i1}, a_{i2}, \cdots, a_{im})$。

设第 k 个指标 n 个评价对象的得分矩阵用矩阵 X 表示。

$$X = [x_{ij}]_{k \times n} = \begin{bmatrix} x_{11} & x_{12} & \cdots & x_{1n} \\ x_{21} & x_{22} & \cdots & x_{2n} \\ \vdots & \vdots & & \vdots \\ x_{k1} & x_{k2} & \cdots & x_{kn} \end{bmatrix} = [x_1, x_2, \cdots, x_n]，则评价结果$$

Z 可表示为 $Z = aX = (ax_1, ax_2, \cdots ax_n)$，综合结果的均值 $\overline{Z} = a\overline{x}$。

评价结果级差最大化即使得评价结果 Z 中各评价对象得分的方差最大，则可确定组合权重优化模型为：

$$\max S^2 = \frac{1}{n-1} \sum_{i=1}^{n} [a_i(x_i - \overline{x})]^2 \quad (4\text{-}14)$$

$$\text{s. t.} \begin{cases} \sum_{i=1}^{k} a_i = 1 \\ a_i^- \leq a_i \leq a_i^+ \end{cases} \quad (4\text{-}15)$$

5. 指数计算

城市绿色出行指数计算具体模型如下：

$$Z_j = \sum_{i=1}^{k} \omega_i X_i \quad (4\text{-}16)$$

式中，Z_j 是城市 j 的绿色出行指数；X_i 为第 i 个指标的标准化值；ω_i 为第 i 个指标对应的权重。

第三节 绿色出行发展水平评价

基于目前数据可获取情况，综合考虑城市的规模和分布，选取北京市、上海市、天津市、南京市、杭州市、成都市等 15 个城市进行绿色出行指数测算。其中，按照城市规模，选取的城市中包含超大城市 4 个、特大城市 4 个、大城市 4 个、中小城市 3 个；按照地理分布，选取的城市覆盖东部、中部和西部地区。指数测算的基础数据来自《中国城市建设统计年鉴》、各城市的交通发展年度报告等公开资料。

指数测算

先利用公式（4-1）、（4-2）对 15 个城市指标数据进行标准化处理。再通过 AHP 法、熵值法、基尼系数法等 3 种赋权方法对 11 个指标进行赋权，利用公式（4-3）至（4-12）求解单一权重，借助 MATLAB 软件编程求解公式（4-13）至（4-15）可得各指标的级差最大化组合权重（图4-2）。

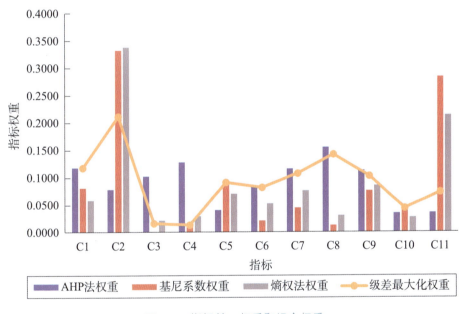

图 4-2　指标单一权重和组合权重

每种赋权方法得到的结果都是对合理权重的一种估计。假设每种赋权方法计算得到的结果都是相对合理的，每种赋权结果应分布在合理权重的两侧。取 4 种权重计算结果（层次分析法、熵权法、基尼系数法、级差最大化法）的平均值作为合理权重的近似值，利用各赋权方法的权重结果与平均值的相对偏差来衡量赋权方法的准确性。层次分析法计算权重结果的偏差范围为 7%～190%，最大偏差对应指标为 C3；熵权法结果偏差范围为 4%～64%，最大偏差对应指标为 C8；基尼系数法结果偏差范围为 13%～100%，最大偏差对应指标为 C3；级差最大化法结果偏差范围为 4%～

54%，最大偏差对应指标为 C4。可以看出，级差最大化法所得权重结果偏差范围最小，且累计偏差结果最小。因此，级差最大化法得到的结果更加接近合理权重，由此方法得到的综合评价结果也更加准确。

各城市绿色出行指数和分指数测算结果分别如图 4-3、图 4-4 所示。

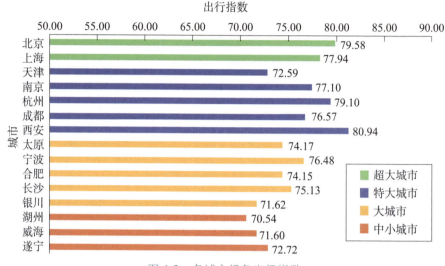

图 4-3　各城市绿色出行指数

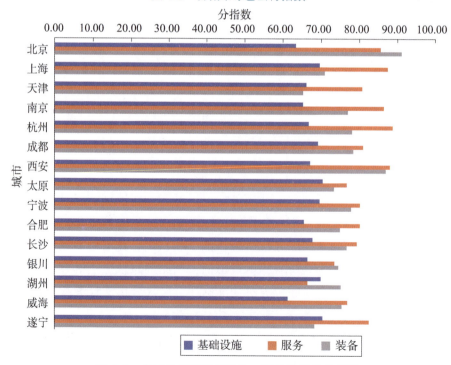

图 4-4　各城市绿色出行设施、服务和装备分指数

二 评价结果

从不同规模城市绿色出行评价结果看，得出如下结论：

一是大型以上城市的绿色出行总体水平较高。超大、特大和大城市的绿色出行指数基本在平均水平以上，在绿色出行基础设施、服务、装备等方面的综合表现也较好。其中，西安在特大型城市中绿色出行指数最高，主要通过打好合理优化交通设施供给、加强交通拥堵热点地区的综合治理等"组合拳"，提升绿色出行比例；北京在超大型城市中绿色出行指数最高，突出优化慢行系统、轨道交通、地面公交组成的绿色出行体系，提升绿色出行比例。

二是城市绿色出行基础设施水平有待提升。相对于绿色出行服务和绿色出行装备，除个别中小城市外，评估城市的绿色出行基础设施水平总体偏低。大多数城市普遍存在人均资源越紧张的地区，小汽车保有量越高的情况，加之道路资源紧张、步道通行宽度不足及不连续、各类设施占压步道等问题，造成人行道设置比例及自行车道密度普遍较低。而中小城市建成区范围相对较小，人口也相对较少，道路资源调控难度相对较低，人行道设置比例和自行车道密度相对较高，如中小城市平均人行道设置比例为3.9%，而特大城市平均人行道设置比例为3%，超大城市更是仅为2.6%。

三是超大、特大城市的绿色出行服务指数和设备指数较高。一方面，超大、特大城市现代化综合交通体系基本形成，轨道交通与地面公交、慢行系统的融合发展水平较高，高峰时段绿色出行比例超过72%，公共自行车及共享单车日均使用次数达2.8次，绿色出行服务满意率为74%以上；另一方面，超大、特大城市的出行服务理念相对比较先进，关注重点已逐步转向推进适老化、无障碍出行，无障碍公共汽电车比例相对较高。超大城市的无障碍公共汽电车比例平均已达到54.2%，而中小城市平均仅为0.7%左右。

从不同区域城市绿色出行评价结果看，12个大型以上城市按东部（北京、上海、天津、南京、杭州、宁波）、中部（太原、合肥、长沙）、西部（成都、西安、银川）3个区域划分，各区域绿色出行总指数及设施、服务、装备分指数结果如图4-5所示。目前，绿色出行区域发展水平差距较大，基础设施和出行服务在不同区域之间发展不平衡，东部地区在绿色出行总指数、服务方面都具有明显的优势;中部地区总体绿色出行发展水平相对较弱,其中基础设施指数和出行装备指数与其他两个地区的差距最大,主要体现在人行道设置比例、专用自行车车道比例、无障碍公共汽电车比例等指标值较低。

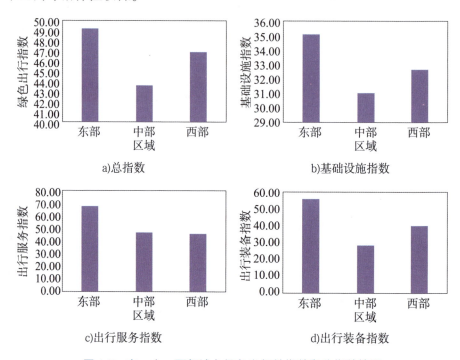

图 4-5　东、中、西部城市绿色出行总指数和分指数情况

第五章

绿色出行碳排放情景分析

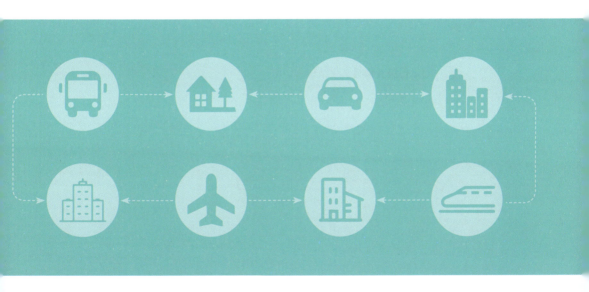

第五章 绿色出行碳排放情景分析

第一节 绿色出行发展情景设定

根据目前我国绿色出行特点,对各种类型城市交通发展模式和绿色出行发展趋势进行深入分析。结合我国城市经济、交通等中长期发展规划,制定三种不同的发展情景:基准发展情景、绿色出行中度发展情景和绿色出行高度发展情景,并对 2025 年、2030 年和 2050 年城市交通碳排放的趋势进行分析和评价。

1. 基准发展情景

按照近年的城市绿色出行发展水平、基础设施建设情况,根据当前推进绿色出行的发展政策,继续保持基准年即 2020 年城市客运行业的交通出行结构,继续推广新能源车辆,城市公共交通稳步发展,出租汽车空驶率逐步降低,网约车、无人驾驶等新业态稳步发展。

2. 绿色出行中度发展情景

综合考虑我国碳达峰碳中和的发展需求,结合行业转型升级,加快提升我国城市的绿色出行发展水平,城市公共交通快速发展,出租汽车空驶率显著降低,网约车等新业态快速发展,智能交通技术快速发展,公众参与绿色出行意识较强,绿色出行达到中度水平,绿色出行比例达 65% 左右。

3. 绿色出行高度发展情景

进一步加大推进绿色出行的实施力度,进一步强化行业向低碳发展模式转变。城市公交达到较高水平,网约车等新业态已达到较高水平,无人驾驶等智能交通技术达到较高水平并开始逐步推广,公众参与绿色出行意识很强,绿色出行达到较高水平,绿色出行比例达 80% 左右。

第二节 绿色出行发展趋势分析

社会经济发展

1. 城镇人口

城镇人口数量与城市出行量、公共汽电车保有量等密切相关,按照

《国务院关于调整城市规模划分标准的通知》(国发〔2014〕51号),新的城市规模划分标准以城区常住人口为统计口径,将城市划分为五类七档:城区常住人口50万以下的城市为小城市,其中20万以上50万以下的城市为Ⅰ型小城市;20万以下的城市为Ⅱ型小城市;城区常住人口50万以上100万以下的城市为中等城市;城区常住人口100万以上500万以下的城市为大城市,其中300万以上500万以下的城市为Ⅰ型大城市,100万以上300万以下的城市为Ⅱ型大城市;城区常住人口500万以上1000万以下的城市为特大城市;城区常住人口1000万以上的城市为超大城市。根据《城市综合交通体系规划标准》(GB/T 51328—2018),城市单位标准车万人拥有量应符合以下标准:规划城市人口规模100万及以上的城市不应小于12标台/万人,规划城市人口规模50万至100万的城市不应小于10标台/万人,规划城市人口规模小于50万的城市不宜小于8标台/万人,旅游城市和其他流动人口较多的城市可适当提高。而对于出租汽车,大城市每千人不少于2辆,小城市每千人不少于0.5辆。而对于私人小汽车数量,按照欧美国家经验,每千人不多于800辆;按照日韩等东亚发达国家经验,每千人不多于400辆。因此,城镇人口对于城市交通车辆装备供给的预测至关重要。

对于我国人口的预测,计划生育委员会、中国人口信息研究中心、中国人民大学人口所等相关单位均作过相关预测,但相隔时间较长,相关预测与中国实际人口发展已经出现偏差,而且我国人口政策在近些年出现了一定变化,因此以上预测结果仅作参考。根据国家卫计委的政策调整,继2014年开放"单独二胎"政策后,2016年开始实施"全面开放二胎"政策。2021年,全国人大常委会会议表决通过了关于修改人口与计划生育法的决定,明确提出国家提倡适龄婚育、优生优育,一对夫妻可以生育三个子女。在此发展背景下,认为在2050年保持14.0亿左右人口处于缓慢下降趋势,预计在2060年约12.0亿的人口数量。

城镇人口的数量由全国人口与城镇化率相乘得到。根据国家统计局2021年的统计,2020年中国城镇化率为63.89%。按照中国社会科学院城市发展与环境研究所在《城市蓝皮书:中国城市发展报告》中提出的研究成果,中国城镇化率在2030年有望达到70%。按照上述设定,认为中国城镇化率在2030年和2050年分别达到70%和80%,中间各年均的取值如

图 5-1 所示。

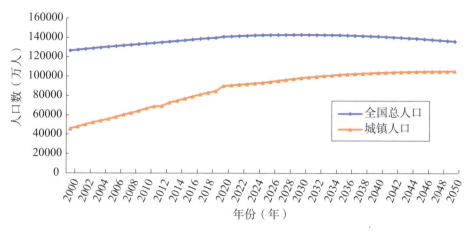

图 5-1　全国人口和城镇人口预测

2. 国民经济发展水平

国民经济发展水平反映了一个国家或地区经济中所生产出的全部最终产品和劳务的价值，对于城市交通发展及出行结构调整有至关重要的作用。公共汽电车、地铁等城市公共交通基础设施对政府财政依赖度较高，GDP 的增长趋势会对其产生十分重要的影响。一方面通过加大财政投入加快基础设施建设和增加车辆、船舶供给，另一方面还可通过技术革新和政策引导提升公共交通服务水平，从而提升自身吸引力，提高城市公共交通出行比例。因此，对未来几十年我国 GDP 增长趋势的科学预测十分重要。

在情景分析中，我国"十四五"期 GDP 的总体增长与《中华人民共和国国民经济和社会发展第十四个五年规划和 2035 年远景目标纲要》中对于 GDP 增长的要求保持一致，即按照 GDP 年均增速预计 6.5% 左右进行预测，其 GDP 预测的增速与出租汽车和公共汽电车数量有着直接的关系。所以，2021—2030 年间，我国 GDP 增速按 6.5% 计算。按照发达国家的经验，当国家经济总量达到一定水平后，GDP 很难保持较高的增速，在 2030—2050 年间的 GDP 增速持审慎乐观的态度，按照 5% 左右的增速考虑，预测结果如图 5-2 所示。

3. 居民消费水平及结构

随着城市经济的发展、生活水平的提高，城市居民的人均可支配收入日渐增加，城市居民购买能力也相应增强，多样化、个性化的生活需求逐步显现。为了适应当前高品质、多样化的生活需求，具有小批量、多品种、高频率服务的城市物流越来越重要。因此，居民消费水平及结构对于城市物流的规模和构成具有重要影响。城市居民人均可支配收入可作为主要指标，用以预测我国2030年和2050年的发展趋势。

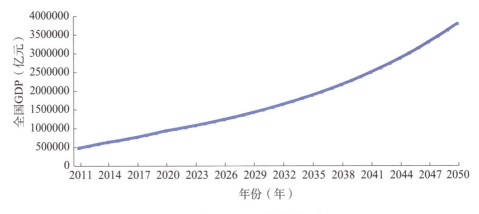

图 5-2　全国 GDP 增长趋势预测

运输装备

1. 公共汽电车

城市公共交通车辆载运能力以"标台"为单位。根据交通运输部《交通运输部关于印发公交都市考核评价指标体系的通知》，公共汽电车标台折算是根据车长计算的，即：车长为5m（含）以下的公共汽电车折合0.5标台；车长为5~7m（含）的公共汽电车折合0.7标台；车长为7~10m（含）的公共汽电车折合1标台；车长为10~13m（含）的公共汽电车折合1.3标台；车长为13~16m（含）的公共汽电车折合1.7标台；车长为16~18m（含）的公共汽电车折合2.0标台；车长为18m以上的公共汽电车折合2.5标台，双层车折合1.9标台。城市公共交通车辆标台数直接决定了公共交通载运能力和服务水平与经济发展水平、城镇常住人口相关，而全国公共汽电车标台数量与全国城镇常住人口和国家生产总值呈线性相关，因此采用社会科学统计软件包（Statistical Product and Service Solutions，SPSS）对公共汽电车标台数进行基于城镇常住人口和国家生产总值的线性回归预测。

基于 2010—2020 年城市公共汽电车标台数量、城镇人口和国家生产总值的历史数据，进行城镇人口和国家生产总值对城市公共汽电车标台数量的线性回归，并通过了置信区间为 90% 的检验，且拟合的决定系数（R-Square）和修正的决定系数（Adjusted R-Square）分别为 0.992 和 0.991，拟合优度很高，因此认为回归预测基本可信，回归公式如下：

公共汽电车标台 = 7.97 × 城镇人口 + 0.382 × 国家生产总值 − 192976

(5-1)

根据公式（5-1）回归后的城市公共汽电车标台总量，参照近年不同规模城市公共汽电车标台的分布，按比例将公共汽电车标台的预测数量分解到不同规模的城市中，同时公共汽电车保有量也受到城镇人口规模的制约，根据国家标准《城市综合交通体系规划标准》（GB/T 51328—2018）中的要求，规划城市人口规模 100 万及以上的城市不应小于 12 标台/万人，规划城市人口规模 50 万至 100 万的城市不应小于 10 标台/万人，规划城市人口规模小于 50 万的城市不宜小于 8 标台/万人，预测结果如图 5-3 所示。

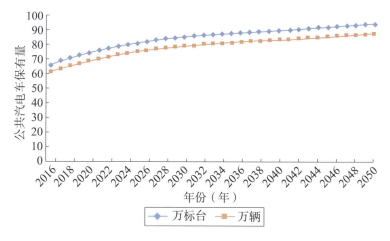

图 5-3　公共汽电车保有量预测

2. 出租汽车

在出租汽车投放、准入和管理过程中，大多数城市是实行总量控制，由政府负责车辆的投放和淘汰更新，因此出租汽车保有量与经济水平和市场变化的因素相关性不太明显。按照《城市综合交通体系规划标准》要求，采用趋势分析方法对不同规模及类型的城市出租汽车保有量进行预测，即根据我国"十三五"和之前的出租汽车发展速度，同时考虑"十四五"发展规划,以及网约车的稳定发展和融合发展,根据时间序列变化预测未来我国出租汽车的发展规模,并依据大城市每千人不少于2辆,小城市每千人不少于0.5辆的要求,得出预测结果。2030年、2040年、2050年出租汽车数量预测将达到203.70万辆、213.06万辆和218.44万辆。

3. 私人小汽车

西方发达国家经验表明,私人小汽车的普及程度和经济发展水平直接相关,同时也受到城镇人口的限制。以欧美国家的经验,发达国家私人车辆的人车比为每千人600~800辆,而根据日韩等东亚发达国家经验,人车比约为每千人400辆。私人小汽车数量受到各省份经济发展水平、城市地理地貌和出行传统的影响,同时考虑到不同省份经济发展水平和消费理念的区别,在小汽车数量的预测中,按照各省份"十四五"期GDP增长的目标,预测了2021—2030年各省份GDP增长趋势。

根据各省份GDP增长趋势与私人小汽车保有量统计,进行了私人小汽车基于GDP的单一因素回归,并基于GDP预测了私人小汽车的保有量,同时,考虑小汽车的主要发展趋势,预测了我国到2050年私人小汽车的数量,本预测为假定私人小汽车增长不受到广泛约束背景下的预测值。对于已经实行牌照摇号、牌照拍卖等需求管理政策的城市,应适时研究建立必要的配套政策或替代措施。因此,可认为"十四五"期、"十五五"期小汽车呈自然增长的态势。同时,根据日韩国家小汽车保有量的经验,当私人小汽车数量达到400辆/千人(全球平均水平)时,可认为私人小汽车保有量趋于饱和,不再继续增长。2030年、2040年、2050年私人小汽车数量预测将达到3.78亿辆、4.08亿辆和4.22亿辆。

三 交通出行量

对于城市公共汽电车、轨道交通、出租汽车和私人小汽车的客运量预测,主要采用人均出行次数法结合城市客运全方式出行结构进行预测。城市居民全方式出行次数主要基于城镇人口,同时根据城市规模和出行特征设定人均公共交通的日出行次数,设定每年出行天数为265天,不同规模城市的人均日出行次数不同,由此得出城市居民年出行次数。具体情况是:小型城市居民人均日出行次数为1.5人次、中等城市居民日出行次数为1.8人次、大型城市居民日出行次数为2人次、特大城市居民日出行次数为 2.5 人次、超大城市居民日出行次数为 2.5 人次。

将居民出行类型主要分为机动化出行和非机动化出行（即慢行出行），其中非机动化出行包括步行和骑行，机动化出行包括公共交通出行和私人小汽车出行，公共交通出行包括地铁出行和公共汽电车出行。城市类型按《国务院关于调整城市规模划分标准的通知》（国发〔2014〕51 号）分为 Ⅱ 型小城市、Ⅰ 型小城市、中等城市、Ⅱ 型大城市、Ⅰ 型大城市、特大城市、超大城市 7 类。

在分析交通出行结构时，结合国内公交都市创建示范、绿色出行创建行动等部分城市以及一些国外城市的居民出行调查结果，然后按照我国不同规模城市的特征，对出行比例进行调整。

1. 城市慢行交通出行比例分析

香港、上海、伦敦、东京等城市的城市居民全方式出行调查结果显示，非机动化交通出行比例占全方式出行的 20%～30%，其中考虑到城市规模和出行行为的特点，城市规模较小的城市出行距离相对较近，因此选择慢行交通方式出行的比例较高，而城市规模较大的城市出行距离较远，更多地选择机动化交通出行方式，慢行交通方式作为衔接补充。在三种发展情景中，基准情景的慢行交通出行方式相对较低，中度发展情景和高度发展情景的慢行交通出行比例较高。随着低碳出行的发展以及出行行为的转变，各类城市慢行交通出行比例随着时间的推移将会越来越高。

2. 城市公共交通出行比例预测

城市公共交通出行量由公共汽电车和地铁两部分组成，城市公共交通的出行量受到城市慢行交通出行比例和公共交通在城市机动化出行中所占比例两个部分的影响。在城市规模较小的城市，慢行交通出行比例较高，而在城市规模较大的城市，因为城镇人口规模的扩大必将带来城市面积的扩大，出行距离较长，城市公共交通的出行量会增加。在机动化出行中，城市规模较小的城市，城市公共交通吸引力不强，造成出行比例较低。对于人口规模小于 Ⅰ 型大城市并选择公共交通方式出行的人群，则全部默认采用公共汽电车的方式出行，因为按照我国地铁建设规划的审批要求，城区人口在 300 万人以上的城市才能满足发展地铁的资格要求。城市规模大的城市，地铁由于准时、舒适性强等优势，在公共交通出行中占比较高。随着城市交通车辆和设施的建设发展，以及公共交通等绿色出行方式的引导，公共交通出行在机动化出行中所占的比例将会越来越高，且当地铁发挥出网络效益时，超大、特大城市中地铁的出行比例将占主导地位。

因为公共交通出行方式属于绿色低碳的出行方式，因此在三种情景中，基准情景的公共交通出行比例最低，其次是中度发展情景和高度发展情景，出行比例越来越高。基准情景和高度发展情景预测结果如图5-4、图5-5所示。

图 5-4　基准情景中公共汽电车出行预测

图 5-5　绿色出行高度发展情景中公共汽电车出行预测

3. 私人小汽车出行比例预测

当采用不同的交通管理措施时，私人小汽车的出行比例在三种情景中呈依次下降的态势，且在同一种情景中，不同规模城市的私人小汽车出行比例也相同。考虑到中小型城市公共交通服务水平偏低，覆盖面积较小，城市规模越小的城市私人小汽车的比例越高，相反规模较大的城市因为较为发达的公共交通线网和较高的公共交通服务，吸引了较多的客流，城市公交的出行比例也较高，私人小汽车的出行比例较低。综合考虑以上两项因素，Ⅱ型大城市人口既不像小型城市那样少，公共交通发展水平也不像特大、超大城市那么高，加之经济发展水平较高，私人小汽车保有量较高，因此私人小汽车的出行比例较高。基准情景和高度发展情景下私人小汽车出行比例预测结果如图5-6、图5-7所示。

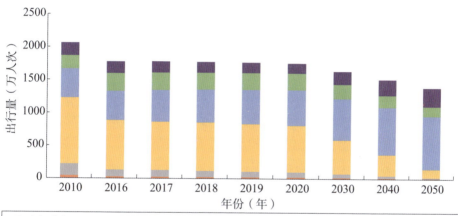

图5-6　基准情景私人小汽车出行量预测

图5-7　绿色出行高度发展情景私人小汽车出行量预测

四 基础设施

"十二五"期以来,我国城市轨道交通建设取得了突飞猛进的发展,截至2023年底,我国(内地)共有54个城市开通运营了城市轨道交通,营运总里程10158.6km,线路超过308条,车站达到了5923个。运营里程在500km以上的城市为7个,分别为北京、上海、广州、成都、深圳、武汉和杭州;运营里程为200~500km的城市有10个,分别为重庆、南京、青岛、西安、天津、苏州、郑州、大连、沈阳和长沙;运营里程为100~200km的城市有8个,分别为宁波、昆明、福州、南昌、南宁、贵阳、长春和无锡。

未来5~10年,我国将开展大规模的城市基础设施建设,其中城市交通基础设施建设尤为突出。随着双碳战略的实施,慢行交通日益受到重视,通过提供较好的慢行交通设施供给、自行车快速路等设施的建设,可以有效地改善慢行交通的出行环境,增强安全性、便捷性,保障路权,从而提高居民采用慢行交通出行的积极性。随着新能源车比例的逐渐上升,充电问题会逐渐成为限制新能源车辆使用的瓶颈,进而加大新能源车的推广难度。因此,修建新能源车相关基础设施建设,例如建设充电站、充电桩,能保障新能源车的推广和使用,进一步加快推进城市交通减碳进程。

五 车辆技术

在城市公共汽电车、出租汽车、网约车等客运领域,以及物流、邮政、环卫等其他公共领域,要分阶段全面实现电动化。国家通过开展全面电动化先行区试点工程,鼓励探索形成一批可复制可推广的经验和模式,目前已确定了北京、深圳、重庆、长春、银川等15个城市进行试点。在新能源汽车推广过程中,既需要尊重市场与技术发展规律,也需要考虑自身经济水平、资源禀赋、产业发展等诸多因素,通过探索适合本地发展的电动化技术路径、补能基础设施建设,逐步实现车辆增量及存量全面电动化转型,在2040年左右实现增量的全面电动化。根据中国汽车工程学会组织编制的《节能与新能源汽车技术路线图2.0》,2025年中国氢燃料电池汽车保有量将达到10万辆左右,2030年燃料电池汽车将达到100万辆左右。

未来 5~10 年，继续推广汽车节能技术。车身轻量化、涡轮增压、缸内直喷等技术随着不同情景对于车辆百公里能耗的减少起到不同程度的作用。在基准情景中，因车辆制造和技术提升导致的车辆百公里能耗平均每年可提升 0.01%，因节能驾驶导致的车辆百公里能耗平均每年可提升 0.01%；在绿色出行高度发展情景中，2030 年因车辆制造和技术提升导致的车辆百公里能耗每年平均可提升 0.08%，因节能驾驶导致的车辆百公里能耗平均每年可提升 0.1%。

六 需求管理政策

当下我国自发的绿色低碳出行意识尚未建立，因此利用相关需求管理措施和政策标准，通过行政、经济手段对高排放出行方式进行合理引导，为绿色低碳出行方式的发展赢得宝贵时间。

实施交通需求管理措施。通过加快实施差别化停车措施，开展"拥堵污染限行区"试点，实现拥堵、污染等交通问题的综合治理。实施错时上下班，鼓励电子商务、电子办公、视频会议等，鼓励购买低能耗、低排放汽车，有条件的企事业单位、政府部门等实行通勤班车、校车制度。通过引导出行和小汽车的合理使用，实施多种需求管理措施，调节进入中心城区的车流量，是治理城市交通拥堵行之有效的办法。降低小汽车、出租汽车的排量，提高实载率，减少小汽车的行驶距离，加快发展低能耗、低污染的交通方式。

七 智能交通技术

自动驾驶技术发展蕴含巨大减碳潜力。自动驾驶技术的广泛使用可以显著节能，在乐观情景下，自动驾驶可使燃油消耗量减少 5%~45%，与传统车辆相比，车辆整个使用寿命内的碳排放量减少 9%。自动驾驶与共享出行深度融合，满足民众的出行需求，麦肯锡预测城市机动车保有量将会下降 30%，进一步降低城市交通碳排放。众多整车制造、信息通信企业都在加大自动驾驶技术研发投入，此举将加快推进不同自动驾驶等级车辆的示范推广与商业应用。

通过规范网约车、互联网租赁自行车、无人驾驶等新技术、新业态、新交通模式在城市出行中的应用，分析其在缓解交通拥堵、提高城市交通运行效率中产生的影响，将对推进城市交通的结构优化发挥重要作用。

八 消费理念

文化理念及相应的生活消费模式对城市客运的碳排放起着至关重要的作用。通过开展媒体、网站、公益活动、培训等公众宣传，向社会广泛传达绿色出行理念，同时通过新媒体手段，在微信公众号、微博等平台举办公交相关宣传活动，向市民展示绿色出行成果，加强城市低碳交通的社会参与程度，鼓励市民将城市公交作为出行的首选方式。政府部门发挥带头示范作用，鼓励公交企业购买新能源车辆，鼓励市民购买纯电动汽车。

不同收入、职业、教育程度群体选择出行方式的考虑因素不一，对于各种出行方式的价格、舒适性水平等特征敏感性也不尽相同。停车收费价位、拥堵区收费的程度、限号政策和限购影响程度等经济因素和管制手段，很大程度上影响中、低收入出行者选择私人小汽车出行；随着收入增加，出行的舒适性和私密性因素也影响了出行者拒绝选择公共交通出行。因此，通过经济杠杆和约束手段可以起到降低高碳出行的作用。通过"一拉一推"策略，可以有效实现促进绿色低碳出行的目的。

第三节 绿色出行能耗和碳排放预测分析

一 节能量分析

在基准情景、绿色出行中度发展情景和绿色出行高度发展情景下，城市交通的能源结构不断得到优化，电气化水平不断提升，能源消耗量呈现先升高后下降的发展态势。与基准情景相比，在绿色出行中度发展情景下，2030年、2040年和2050年城市交通实现的节能量分别为380万t标准煤、2071万t标准煤和3005万t标准煤；在绿色出行高度发展情景下，2030年、2040年和2050年城市交通实现的节能量分别为2236万t标准煤、5522 万 t 标准煤和 6972 万 t 标准煤，如图 5-8 所示。

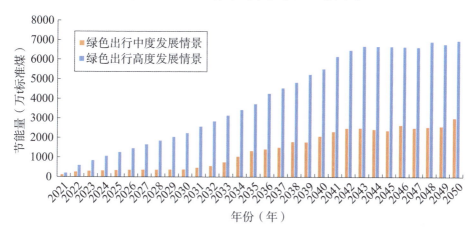

图 5-8　发展绿色出行节能量预测

减碳量分析

在基准情景、绿色出行中度发展情景和绿色出行高度发展情景下，城市交通的能源结构不断得到优化，电气化水平不断提升，二氧化碳排放量呈现先升高后下降的发展态势。与基准情景相比，在绿色出行中度发展情景下，2030 年、2040 年、2050 年城市交通实现的碳减排量分别为 5415 万 t、13298 万 t、14868 万 t；在绿色出行高度发展情景下，2030 年、2040 年、2050 年城市交通实现的碳减排量分别为 8215 万 t、23770 万 t、26470 万 t，预测结果如图 5-9 所示。

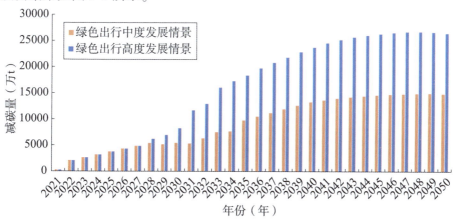

图 5-9　发展绿色出行的减碳量预测

与基准情景相比，在绿色出行高度发展情景下，2030年出行结构调整、提升燃油经济性、提升电动化水平、发展智能交通和其他措施在碳减排中的贡献率分别为：33.2%、20.7%、28.3%、12.8%、5.0%；2050年出行结构调整、提升燃油经济性、提升电动化水平、发展智能交通和其他措施在碳减排中的贡献率分别为：27.2%、7.9%、35.3%、24.7%、4.9%，预测结果如图5-10所示。

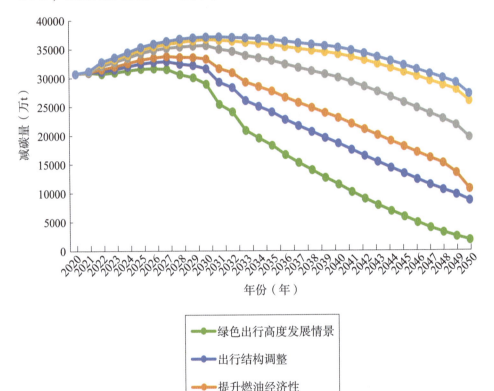

图5-10 绿色出行发展各措施的减碳量预测

基于上述情景条件，对主要特征年在全国城市绿色出行分担率提升1%时产生的减碳贡献率进行分析，在此细分为城市公交出行比例提升1%和慢行交通出行比例提升1%两种情况进行比较。

当全国城市公交出行比例提升1%时，且假设全部是由小汽车出行比例转移过来的。在绿色出行中度发展情景下，2030年、2040年和2050年实现的减碳量分别为7.0万t、8.3万t、8.9万t，减碳效益持续增加；在绿色出行高度发展情景下，2030年、2040年和2050年实现的减碳量分别为21.1万t、30.9万t、29.7万t，减碳效益十分显著，2040年左右达到最大值，预测结果如图5-11所示。

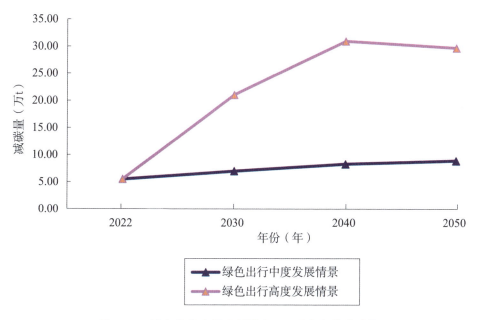

图 5-11 城市公交出行比例提高1%时产生的减碳量

当全国慢行交通出行比例提升1%时，且假设全部是由小汽车出行比例转移过来的。在绿色出行中度发展情景下，2030年、2040年和2050年，实现的减碳量分别为9.2万t、12.5万t、14.6万t，减碳效益不断增加；在绿色出行高度发展情景下，2030年、2040年和2050年，实现的减碳量分别为25.8万t、39.0万t、43.2万t，减碳效益将更加显著，如图5-12所示。由于慢行交通出行量的快速增加，为推进城市交通领域减碳的贡献作用巨大。

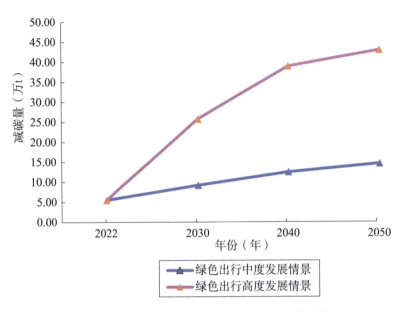

图 5-12　慢行交通出行比例提高 1% 时产生的减碳量

第六章

典型国家和地区的绿色出行发展借鉴

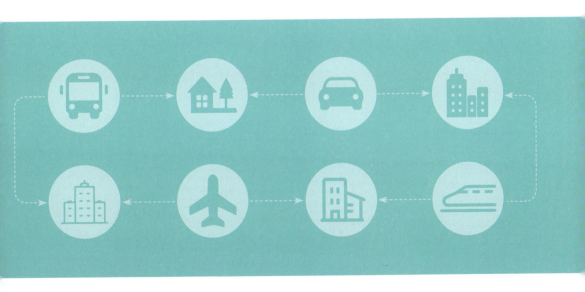

第一节 建立绿色出行导向的城市发展模式经验

城市交通规划建设很大程度上引导了城市空间发展,合理的城市土地利用也对城市绿色出行起到了积极作用。围绕城市公共交通尤其是轨道交通进行土地开发和城市功能的布局,形成更加紧凑型的城市形态,是实现交通引导城市发展的有效技术手段,以此促进形成以绿色出行方式为主导的城市交通系统。

构建城市交通网络架构引导城市发展

东京围绕以铁路为核心的综合交通枢纽打造东京都的都心和副都心,以车站为核心拓展车站空间,将整个街区紧密地衔接起来。一方面,通过提高城市交通网密度,提升公共交通可达性及出行便捷程度,东京有90.6%的客流选择步行和自行车方式进出枢纽,继而乘坐轨道交通通勤。另一方面,通过构建多功能密集的城市空间,打造具有综合功能的枢纽车站,使车站兼具交通枢纽和社区中心的功能,铁路公司兼具运输企业和城市开发者的职能,车站不仅是交通节点,还与住宅、商业、文化紧密结合,车站建筑出入口与百货商店合为一体,车站周围多种商业、服务业场所紧密集聚。

紧凑集聚型的城市空间形态

巴塞罗那是典型的紧凑型城市,市区面积101km^2,拥有人口162万,人口密度约为1.6万人/km^2。巴塞罗那拥有欧洲最大规模的方格街区路网形态,其由数千个约113m×113m的围合街区组成,每隔数个街区便设置市场、学校、医院、公园等公共服务设施,方便居民使用(图6-1)。由于用地充分混合,城市密度较高,巴塞罗那核心区的平均出行距离仅3.1km,平均出行时长仅16min,居民对汽车的依赖程度较低,约18%居民选择私人小汽车出行,35%居民选择公共交通,1%居民选择自行车,剩余46%居民为步行,该城市多次上榜全球最宜居城市。与巴塞罗那形成鲜明对比的城市是美国的亚特兰大，亚特兰大是一个蔓延的城市，市区面积351km²，人口49.8万，人口密度仅1421人/km²，私人小汽车出行比例高达86%，在城市交通领域每年每人产生的二氧化碳排放量是巴塞罗那的10倍以上。

图6-1　巴塞罗那的超级街区模式

对比两个城市发展形态和开发模式可以看出，巴塞罗那的城市发展模式对绿色出行起到了很好的引导作用，市民可通过轨道交通或步行、自行车等低碳和零碳方式到达目的地，从源头上减少车辆的出行需求，从而有效降低碳排放。

三　建设低碳可持续发展的城市

将交通与城市发展深度融合，从低碳可持续城市建设的角度普及绿色出行理念。通过将生态城市、生态社区的理念推广开来，促进了公众对可持续发展的认识，从而改善交通出行环境。

新加坡提出从"城市里的公园"向"公园里的城市"转变城市建设理念，将自然生态与居住环境融为一体，创建与大自然和谐共生的城市。基于此理念，新加坡从用地形态、绿色交通、生态环保等方面做了全面规划。20世纪70年代，首尔为高速发展城市而覆盖了清溪川河道，并在其上建造了高速道路，2005年，首尔出于城市可持续发展的考虑拆除高速道路，恢复清溪川本来面目。如今，清溪川成为首尔繁华市中心的自然景观，加深了自然景观与居住环境的深度融合，同时也成为优秀的绿色出行设计示范项目，大大改善了城市交通的出行环境质量（图 6-2）。

图 6-2　首尔市清溪川的超级街区模式

四　推广 15 分钟城市理念

巴黎市将打造"15 分钟城市"（15-minute City）作为城市可持续发展的一项重要措施。2020 年，巴黎明确提出要将巴黎打造成一座"15 分钟城市"。作为巴黎市改善首都圈空气污染状况、提高城市宜居性的重大举措之一，"15 分钟城市"计划包含对交通、可持续发展等多领域进行公共投资以及启动一系列改善社区治理的新项目。例如：选择一些城市道路将其改造成一个"禁止车辆通行"的沿岸公园，工作日上班族可以放心穿行；周末或节假日，市民和游客也可以在这里享受休闲时光。

2020 年，在巴黎启动第一轮新冠疫情封控措施时，巴黎抓住时机迈出了创建"15 分钟城市"的第一步，大幅扩建临时自行车专用道和街道封闭区域，为人们保持社交距离提供了更多空间。现如今，巴黎市共拥有超过 1000km（621 英里）的骑行线路（图 6-3），包括独立的自行车专用道、涂色步道和改造后可供骑行的公共汽电车道等。2021—2026 年，巴黎市将安排投资 2.5 亿欧元，用于提升骑行基础设施和便民装置。

图 6-3　巴黎市中心慢行交通现状

第二节　完善绿色出行主导的出行结构

一　增加对城市公共交通的发展投资

德国联邦政府投资 25 亿欧元，在 2022 年 6—8 月推出了全德国通用、价格便宜的公共交通月票，在此期间，乘客每月仅需花费 9 欧元即可乘坐德国境内所有公共短途客运交通工具。德国航空航天中心交通研究所调查显示，半数以上人群使用、享受补贴或计划购买月票，39% 的人表示会比以前更频繁地乘坐公共交通工具，且有 9% 的月票使用者表示优惠期结束后依然会更频繁地乘坐公共交通工具。由此可以看出，价格补贴对引导出行者选择公共交通方式出行起到了积极的作用。

法国也在 2021 年启动的国家复苏计划中拨出 12 亿欧元投资地铁、有轨电车、公共汽车和城际铁路等公共交通服务，在人口最为密集的都市区域提供生态友好的出行方案。国家投资与各地方政府的投资相加，使法国在疫情后的公共交通计划投资总额达到近 50 亿欧元，提振了民众对于公共交通系统的信心。

二　建设高水平的公交都市

"公交都市"是为应对小汽车高速增长和交通拥堵所采取的一项城市交通战略，已成为全球大都市的发展方向，是建设低碳宜居城市的重要内容。它体现了一种以城市公共交通为机动化出行主体、以城市公共交通引导城市发展为导向的城市布局结构,是一种受资源、环境、安全等条件约束下的最佳城市建设形态。东京、巴黎、伦敦、新加坡、香港、首尔、斯德哥尔摩、哥本哈根是世界闻名的八大公交都市。

公交都市的共同特点:一是公交主导。公交出行占全方式出行的50%以上,公交分担率占城市机动化出行分担率的70%以上。二是模式多元。统筹考虑都市圈轨道交通网络布局,构建以轨道交通为骨干的通勤圈,推动干线铁路、城际铁路、市域轨道交通、城市轨道交通"四网融合";城市内形成"以轨道交通和快速公交系统(专用道系统)为主体,常规公交为补充、与其他运输方式便捷换乘"的一体化城市客运体系。三是紧凑城市。沿公共交通走廊高密度开发,逐步将公共服务设施、居住、商业、办公等用地和70%的公交出行集聚在公交走廊的两侧,实现城市精明增长,构建紧凑型城市。四是统筹衔接。实现市内交通与对外交通、地下交通和地面交通、大容量和中低运量交通、机动化和非机动化交通的有机结合和有效衔接。五是空间提升。集成轨道、常规公交、慢行系统及交通环境等要素,打造安全、畅达、绿色的交通空间,提高市民出行品质,实现交通与城市、经济、生活和谐共生。

世界典型城市发展特征见表6-1。

三 制订可持续城市出行规划

为促进智能、一体化的城市出行规划,欧盟委员会于2014年出台了《制定和实施可持续城市出行规划指南》(*Sustainable Urban Mobility Plan*,以下简称"SUMP指南"),目前已作为规划工具在全球多个国家使用。根据SUMP指南,可持续城市出行规划是指"战略性的中长期规划,旨在满足城市及其周围地区人们和商业的交通需求,以提高生活质量,实现更加可持续且环境友好的发展"。

制定SUMP指南,包括准备与分析、战略制定、方案规划和实施与监督四个阶段(图6-4)。制订规划方案的目标时,一般会根据城市交通发展特点而选定规划方向和主题。SUMP指南为城市提供了符合城市发展特性的规划主题建议,例如:可持续的城市物流规划、共享交通方式的整合、出行即服务和SUMP指南、城市道路安全和主动出行等。

表 6-1 世界典型城市发展特征

城市	城市形态	土地利用与城市形态	主导交通模式	市区人口（万人）	绿色出行比例(%)	轨道占公交的比例(%)
东京	由单一中心向多中心发展，形成"一心七核"的城市结构	轨道线路引导城市开发，围绕轨道交通站点，塑造城市活动中心	地铁+郊区铁路	1351.53	56	92
纽约	多中心大都会	高密度、网络化、多模式协调组合的交通体系，构筑一体化交通	地铁+公交	827	64	67
伦敦	圈层发展，多中心长廊分散式空间形态	高密度、网络化、多模式协调组合的交通体系，构筑一体化交通	地铁+轻轨+市郊铁路+公交	756	63	90
香港	多中心大都会	土地开发和交通规划的紧密结合	地铁+公交	711	90	30
新加坡	多中心大都会	土地开发和交通规划的紧密结合	地铁+轻轨+公交	502	69	32
库里蒂巴	星形指状	土地利用沿交通轴线走廊式开发	快速公交	185	75	—
斯德哥尔摩	轨道交通沿线呈串珠状城市形态	依托城市轨道交通把市中心向外扩散和社会经济活动引导到轨道沿线的新卫星城市	区域轨道交通+公交	87	58	60

第六章 典型国家和地区的绿色出行发展借鉴

| 开展SUMP理论研究和案例研究 | 1. 文献综述
2. 案例研究 | 政策研判和分析现状 | 1. 当下政策研判
2. 出行体系分析
3. 线上民意调查
4. 现场调研 |

| 构建和评估情景 | 1. 基于政策研判和现状分析构建备选情景
2. 邀请专家评估和选择情景 |

| 共同制定SUMP愿景和目标 | 1. 基于政策研判、案例研究、所选情景和公众参与共绘愿景
2. 根据所选情景发展侧重方向，确定目标并设立指标 |

| 制订策略、措施并为措施实施做准备 | 市域层面 | 1. 基于所选情景和目标制定策略和措施
2. 通过公众和利益相关方参与确定每项措施的重点和实施时间框架 |
| | 示范区层面 | 1. 制订示范区措施实施规划和设计指南
2. 制订与示范区实施计划相对应的财务计划 |

| 制订监测与汇报方案并为方案采纳做准备 | 1. 确定监测指标，包括所需数据和收集方法
2. 制订监测与评估计划
3. 制订五年行动计划和财务计划 |

图 6-4　SUMP 项目实施路线图

相比于传统规划,SUMP指南特别强调市民和利益相关方的主动参与、有关部门间政策的协同(特别是交通运输、土地使用、环境保护、经济发展、社会政策、健康卫生、安全保障和能源管理部门之间的协调),以及政府不同层面与个体之间的广泛合作。这一概念还强调需要以综合方式涵盖出行(人和货物)、模式和服务的所有方面,并对整个"城市功能区"而非对其行政边界内的单一城市进行规划。可持续城市出行规划与传统交通规划的区别见表6-2。

可持续城市出行规划与传统交通规划的区别　　　　表6-2

传统交通规划	可持续城市出行规划
关注交通	关注人
主要目标:交通流通能力和移动速度	主要目标:可达性和生活品质,包括社会公平、健康卫生和环境质量、经济可行性
集中于出行方式	不同交通方式协同发展,并向可持续出行方式转变
基础设施为主题	结合基础设施、市场、监管、信息和推广
部门规划文件	符合相关政策领域的规划文件
中短期交付计划	包含长期愿景和战略的中短期交付计划
覆盖一个行政区域	覆盖基于通勤流量的城市功能区
交通工程师	多学科背景的规划团队
专家规划	利益相关方和市民参与,透明
有限的评估效果	对影响进行系统性评估,促进学习和改进

城市出行规划不仅应关注狭义的出行(即在城市中的便捷出行),还应关注出行的最终目标,即地点和活动的可达性。要更合理地解决SUMP指南中的可达性问题,其中一个需要克服的障碍就是如何准确衡量它。

2019年5月,比利时佛兰德斯政府环境、自然和能源部启动了基于网页的工具"Mobiscore",该评估工具为特定房屋或土地分配了"可达性分值"。该分值可告知潜在的购房者或房屋租赁者,在以可持续方式(如步行或骑自行车)抵达各种重要设施(如火车站、公交车站、学校等)方面的表现如何。随着这一评估工具的发展，该部希望提高市民们在居所选样给出行带来影响方面的认识，购房或租房很大程度上会导致人们改变出行行为方式，例如对出行方式的选样，想要搬到新家的人可以在 Mcpiscore 网站（www.mobiscore.be，目前仅有荷兰语版本）上轻松比较不同位置的可达性。该工具还可以发展成为用于城市出行规划的一款有用的分析工具，当它为每公顷（100m×100m）地域进行可达性打分时，城市功能区中不同得分的地图将显示出可达性高低不同的区域，这可帮助市民们决定在哪里升级公共交通或自行车联络道。此外，通过说明在哪里开发建设住房、学校等可以更好地将城市发展政策与出行规划关联起来，以促进可持续的交通模式。

四 加快推动自行车系统发展

为应对能源危机、全球气候变化，西方国家积极探索复兴自行车交通。1992年《联合国气候变化框架公约》通过后，荷兰、德国、丹麦、法国等国家相继出台国家自行车战略，将复兴自行车交通作为"气候规划"的重要内容。荷兰、丹麦、德国、澳大利亚等国家纷纷出台国家层面的自行车发展规划，以此支持城市的绿色出行发展。英国、美国等一度仅将自行车视为体育运动的国家，如今也开始复兴自行车交通。2021年5月，欧洲通过全球首份跨国家的自行车交通促进发展规划《泛欧自行车出行总体规划》。2022年3月，联合国大会通过"支持把自行车作为应对气候变化手段"的决议。

2020年，因新冠疫情和复杂的国际局势影响，法国巴黎投入了3亿欧元，最先提出建设弹出式自行车道，并在2021年发布了《2021—2026年骑行计划》。英国启动了"为伦敦争取街道空间"计划，投入2.5亿欧元建设慢行基础设施。

意大利除了修建临时性和永久性的自行车道外，针对人口大于5万的城市还给予市民60%的自行车购置补贴（图6-5）。

2021年4月，德国联邦政府在国家自行车大会上发布了《德国2030骑行国家：国家自行车交通规划3.0》。这是德国继2002年和2012年以来，发布的第三版国家级自行车发展规划。该规划的总体目标是：到2030年，将德国建设成为骑行国家，自行车出行里程比2017年翻一番；

民众选择自行车出行意愿达到60%;重大伤亡事故比2019年降低40%(图6-6)。

图6-5 意大利米兰自行车停靠点及巴勒莫城市慢行街道

图6-6 德国汉堡、科隆城市自行车道

哥本哈根作为世界自行车之都,建立了完善的自行车支持体系,致力于建设"世界最佳骑行城市",其城市基础设施建设多以配合自行车使用为前提,采取了多项措施来引导和推动自行车的使用。在日常通勤出行中,距离地铁站点1.5km以内以自行车接驳为主,2.5km以内自行车接驳也大于小汽车接驳比例,市民普遍认为自行车结合地铁的方式非常便捷,这得益于哥本哈根完善的自行车道路系统和配套设施规划,以及政策管理的保障。2021年城市自行车出行比例达到21%,其中自行车通勤比例占到35%,每周有62%的居民频繁骑自行车出行,城市居民人均自行车保有量为1.24辆。到2025年,哥本哈根市绿色出行比例(公共交通、步行和骑行)将超过75%。

伦敦在2018年发布的《伦敦市长交通战略》明确提出自行车快速路、

活力出行、零排放、健康街道等新交通治理理念，并提出以安全性和经济性为前提，打造便捷、易用的公共交通系统，到 2041 年，伦敦市中央活动区绿色出行比例达 80%，居民每天都能进行两次 10min 的步行或骑行，70% 的居民在周围 400m 范围内就能用上共享单车等。

五 发展舒适安全的完整街道

通过发展舒适安全的完整街道，建成行人友好的慢行环境，增强城市交通系统发展的可持续性。英国、韩国、意大利等多个国家的实践案例证实，改善人行道、增加游戏空间、设置限速标志、缩小车行道等举措，对于减少交通事故、增加社区活力、鼓励居民步行等有明显效果。

米兰提出了街道基础设施改造项目，通过对城市道路进行改造，重新分配道路空间，大幅压缩机动车道、控制车速在 30km/h，为自行车与步行留出更多空间，达到优先绿色出行的目的。

伦敦在《伦敦市长交通战略》中提出"健康街道"的概念，选取城市中潜力地区和增长型城市走廊区，将该区域从现有的交通向主动出行和公共交通模式转型。通过减少道路上的车辆行驶，建立隔离带避免危险事故，控制车辆尾气排放和噪声，增加步行、骑行和公共交通工具的使用，改善街道安全性、舒适性和便利性，并结合多项健康街道指标提出的要求发展新建街道。

韩国以改善学区环境为目的，致力于把街道营造成令人愉悦、安全和具有吸引力的场所，从而使更多的市民选择绿色出行方式。通过拆除街道停车场、改扩建人行道、安装标志和减速带、对人行道喷漆以及安装围栏防止车辆在人行道上停车等措施缓和交通，可更好地保障学生通学安全。截至 2021 年底，已有超过 16000 个地点得到了改善，交通事故造成的死亡人数在指定的学校区域内减少了 57%。

为了改善空气质量、更公平地共享公共空间，巴黎市中心在每个月的第一个星期天禁止汽车通行。这一举措是巴黎市长领导的"巴黎呼吸"倡议的一部分。这项措施已经在城市的几个地方实施，在这里每个人都能享受无车辆和无噪声的街道。街道空间释放给商业外摆、野餐、居民交往等活动。措施执行期间，巴黎有大约 100 条街道变成了步行街，包括克莱尔街、莱维斯街、卢泰斯街和巴尔街等，这些道路完全禁止机动车进入，行

人可以愉快地漫步其中，参观历史景点、了解城市文化。

六 探索出行即服务新模式

通过探索数字移动创新出行即服务（MaaS），提高城市交通系统的工作效率，满足人们便捷多样化的出行体验。经过多年探索，欧洲地区依托MaaS联盟，在全球范围内发展最为迅速，其中，欧洲城市如瑞典哥德堡、芬兰赫尔辛基、奥地利维也纳是最早成功探索MaaS的城市。这些城市发挥数字化技术的优势，从整个系统层面优化公共汽电车、网约车、自行车等交通方式，建立一个出行信息、预约支付、服务供给和社会目标整合统一的一体化交通系统，因其展现出对公共交通的吸引力，而具有巨大的减碳潜力。

丹麦将民营交通运营企业整合纳入国家公共交通运输体系，并集中向第三方开放数据和票务系统，建立的MaaS平台涵盖火车、公交、地铁、有轨电车、轮渡、共享单车、出租汽车、合乘等方式，并考虑用户最大步行距离、最大骑行距离等因素，可添加出发时刻、偏好筛选等个性化设置，且用户可自主选择按次或按天购票。

赫尔辛基作为最早开展大规模MaaS项目的城市，截至2019年底，其MaaS用户超过7万人，占市区人口的1/7以上，95.2%的MaaS用户选择公共交通，平均用户每天出行2.15次，比非用户高15%，且与推行MaaS服务前相比，市区内私人小汽车出行减少了38%。

第三节 减少高碳排放的小汽车出行

私人小汽车需求管理可以从小汽车保有量和小汽车出行需求两个环节进行调控，通过推行小汽车出行管理措施，引导小汽车合理使用，进而减少车辆行驶产生的碳排放。如意大利曾因空气质量问题在罗马和米兰实施小汽车限行政策；美国旧金山等城市通过推行智慧停车系统有效治理路内停车问题；英国伦敦通过征收交通拥堵费有效提高了征收区域内的通行质量。

第六章
典型国家和地区的绿色出行发展借鉴

一、需求管控限制小汽车使用

挪威奥斯陆的交通尾气排放占温室气体排放量的61%，这其中有39%来自私人小汽车。为降低温室气体排放、应对全球气候变化，奥斯陆计划到2028年实现公共交通系统的零排放，2030年成为零排放城市。为实现这一目标，奥斯陆把目标任务进行分解，其中城市交通领域主要采取的举措是严控私人小汽车。市政府于2015年决定在市中心实行无车化，逐步全面禁止私人小汽车进入市中心，人们在市中心的出行工具以公共交通和自行车替代，为此制定了一些具有可操作性的措施：陆续取消760个停车位，对市中心进行分区，将部分街道变成人行道等。考虑到奥斯陆三条高速公路的最内环线约1.7km^{2}范围内（常住居民约1000人，其中88%为无车人，办公人口比例也较低）通勤出行中心开车比例仅有7%，推行无车区的阻力小，因此尝试在该区域打造无车区域，其中，将这1.7km^{2}内80%的地面空间留给行人，20%留给车辆，减少使用私人小汽车，将城市空间还给市民。

德国弗莱堡是世界闻名的"绿色之都"，其从20世纪70年代开始探索对环境友好的交通模式。1985年，弗莱堡第一次提出有轨电车路线方案，以减少小汽车的使用。2010年，弗莱堡的公共交通工具的数量是私人小汽车数量的15倍，70%的本地交通方式为公共交通、自行车或步行。2016年，弗莱堡的绿色出行比例又上升到79%，小汽车的出行比例则下降到21%（图6-7）。弗莱堡是唯一一个小汽车拥有率逐年降低的德国城市，城市中心区不对小汽车开放，政府加大公共交通投资，提升有轨电车网络服务范围。

经过几十年的努力，弗莱堡建立起"公共交通+自行车+步行"的绿色出行体系，推广短距离交通，限制小汽车出行。通过划定步行区以及交通安宁措施来限制小汽车的出行，并在停车管理上制定相应的条例，降低小汽车使用的便捷性和舒适度。另外，通过设立市内停车库和停车引导系统，征收停车费和采用不同的奖惩措施，大大减轻了私人汽车对住宅区的干扰，在新建和扩建街道时，重点消除交通瓶颈，并尽可能避开住宅区。

日本通过加强停车治理来实现调控机动化进程和缓解交通拥堵，并取得了显著的成效,具体包括完善法律、严格执法和实施差别化停车收费价格等方面。

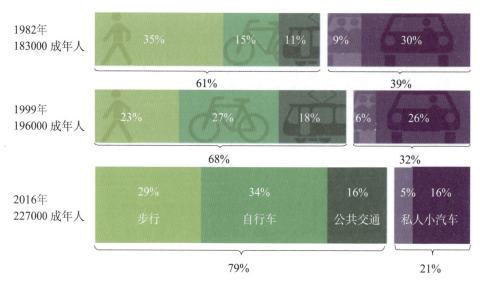

图 6-7　弗莱堡城市交通出行结构变化

一是完善的停车法律是解决停车问题的有效途径。第二次世界大战后,日本经济快速发展,机动车保有量迅速增长,也曾经历了机动车保有量突破承载能力,停车秩序混乱等问题。在这一背景下,日本针对不同类型的停车管理制定了《道路交通法》《城市规划法》《停车场法》《汽车保管场所法》《东京都停车条例》等一系列法律法规,并经过不断修订和完善,形成了一套全面、完善的停车场法律体系,使停车建设与管理有法可循。为有效解决夜间乱停车问题,日本于 1962 年制定了《汽车保管场所法》,该法明确规定小汽车所有者在车辆注册时必须拥有夜间停车泊位证,否则不允许购买汽车,并且当机动车所有者变更住址,或者是变更机动车泊位地址时,同样需要到警察署登记,有效解决了夜间居民小汽车无处可停的问题。

二是严格的停车执法是停车政策取得预期效果的保障。1991—2006 年,东京采取了一系列包括取缔部分路侧停车、高额罚金 + 扣分的违法停车处罚、推广交通检察员制度、分区域禁止夜间路内停车等在内的措施,在减少停车乱象和缓解交通拥堵方面取得了显著的效果。

三是停车价格是调控停车需求的重要手段。高昂且差别化的停车收费价格是东京停车的主要特征之一，土地价值最贵的中心商务区停车费用也最高，停车价格尊重市场规律，反映真实成本。香港售价超过百万港元的停车位比比皆是，香港金融核心区附近的停车位，平均成交价格超过300万港元，比香港新界的小户型公寓价格还高。2008年，曼哈顿停车位平均售价16万美元，即11800美元/m^2与公寓均价11900美元/m^2相差无几，且停车位价格还在不断上涨。

推动小汽车能源结构调整

通过将小汽车交通需求调控政策与车辆能源转型紧密结合，控制车辆排放。国外各大城市通过在汽车法规、财税激励，以及充电基础设施建设等方面的政策不断强化对燃油汽车的管控，给予新能源汽车更多的优先权，以此达到绿色出行需求管理的目的。

美国纽约州和加州积极建设和完善当地的充电基础设施服务网络，分别拨款7.01亿美元和4.36亿美元，用以建设至少50万个充电桩，通过支持充电基础设施的建设，帮助汽车电动化顺利转型。

欧盟自2020年起，实施了更加严格的轻型车二氧化碳排放标准，新实施的排放标准将乘用车平均二氧化碳排放限值限制在95g/km，有力推动了欧洲电动汽车车型多样性的提升。德国、法国、意大利等欧洲的主要电动汽车市场都在2020年提高了给予电动汽车的补贴额度，利用财税激励来加速电动汽车的推广，弥补其在成本竞争力方面的劣势。

欧洲多个国家均宣布了禁售燃油车的时间表，挪威拟从2025年起禁售新燃油车，丹麦、冰岛、爱尔兰等国家均计划2030年后禁售新燃油车，法国则定在2040年。英国政府也在2017年7月宣布，从2040年起将停止销售新的柴油、汽油汽车和厢式货车。同时，英国政府要求地方当局都需要应对不合法律规定的污染等级问题，在此基础上，牛津是首个对上述政策作出积极响应的地方当局，并率先针对改善空气质量提出了综合性计划。2017年，牛津市市政委员会和牛津郡市政委员会拟定的创建英国首个"零排放区"计划提出。到2020年牛津市中心将限制汽油和柴油车行驶，在"零排放区"内，部分街区将禁止化石燃料汽车、出租汽车、轻型商务车和公共汽电车行驶，只允许电动汽车在部分城区街道行驶。到2030年所有城市中心街区将禁止化石燃料汽车、出租汽车、轻型商务车和公共汽电车行驶，并对无视这些禁令的驾驶员最低处以 60 英镑的罚款。此外，针对柴油卡车替代方案引进速度较慢的特殊情况，对重型货车（Heavy Goods Vehicles，HGVs）的违规处罚将从 2035 年开始。

三 设立城市交通近零排放区

通过设立近零排放区，探索零碳排放的城市交通发展新模式。瑞典最早在 1996 年提出了实施低排放区的政策，通过禁止大排量的卡车通行保护城市环境。该项政策规定所有城市有权力自主划定低排放区域，但车辆驶入标准受到国家法律的约束。

伦敦市在哈克尼和伊斯灵顿自治区以及伦敦金融城建立了近零排放区试点。通过限制驶入近零排放区的车辆碳排放量，减少交通带来的有害气体排放并改善空气质量，试点覆盖范围按街道计算，通过可自动识别车牌的摄像头对车辆进行甄别。对于不满足排放标准的车辆驶入近零排放区，则需支付高达 130 英镑的罚款。近零排放区试点自 2019 年 4 月正式实施至今，已初具成效。在管控区域内，NO_x 排放量减少了 44%，碳排放量减少了 6%，符合排放标准的车辆占比从 2017 年的 39% 提高到 80% 以上。2021 年 10 月起，超低排放区将进一步扩大至南北环路，覆盖了伦敦市域面积的 1/4。

此外，欧洲多个国家分别开展了不同形式的探索，并取得了一定成效。米兰在 2008 年开始推行"低排放区"试点，首要目的是控制污染，对不同尾气排放标准的车辆征收不同的费用。该政策的实施成功优化了车型结构，但在车辆更新后，污染减排也遇到了发展瓶颈。于是 2010 年，米兰在低排放区的基础上又进一步实施了交通拥堵费政策，从提升"质"变成了兼顾控制"量"，两项政策的叠加产生了显著的协同效益。西班牙马德里规划 4.5km^2 区域仅允许公共交通和零排放车辆通行，巴塞罗那逐步扩大低排放区范围，在该区域内限制通行和限速，提供良好的公交出行服务。

四 鼓励居家办公和视频会议

随着互联网和通信技术的发展，鼓励居家办公和视频会议，减少部分机动化的出行需求，对减少城市交通碳排放也是一项重要的辅助手段。以美国为例，如果美国50%的劳动力每周有一半的时间在家办公，则每年能减少5400万t温室气体排放，相当于1000万辆小汽车的年排放量。

第四节　强化绿色出行理念的引导

通过提倡"无车日"等社会活动宣传，引导人们选择绿色出行方式。欧洲经历了多年机动化发展，对于绿色出行的理念有着较深的理解。法国巴黎等35个城市在1998年首次开展"无车日"活动，之后在世界其他国家迅速传播。欧洲在每年9月16—22日会在地区范围内组织欧洲交通周活动。活动网站上传了数千个活动、项目和最佳实践示例，全年提交约600项交通措施。

截至2019年，欧洲有1250个城市签署宣言参与欧洲交通周活动，宣传可持续城市交通战略，倡导步行、骑自行车以及公共交通等绿色交通理念，减少小汽车对城市和社会造成的负面影响（图6-8）。此外，在交通周期间提供免费乘车或优惠乘车服务，公共汽电车上或公交站台提供免费早餐，增加公共汽电车发车密度，减少发车间隔，鼓励"公交+自行车+步行"的绿色出行方式。

图6-8　比利时布鲁塞尔无车日活动

第五节 对我国绿色出行发展的启示

国际经验表明，只有从交通、环境、土地利用、空间形态、生活方式等多角度综合审视城市空间体系的发展，提升城市公共交通和城市形态的协调关系，形成有利于绿色出行发展的城市空间体系，提升城市空间资源的使用效率。推崇绿色出行理念，加大宣传教育力度，打造低碳生活模式。统筹供给侧和消费侧，建立高品质的绿色出行服务体系，是支撑实现国家碳中和目标的重要方面。

一 交通规划引导城市开发，推进城市可持续发展

国内外经验表明，城市形态、密度和交通模式之间具有极大的关联性，同时也与城市交通碳排放强度密切相关。人口密度较低的美国、加拿大、澳大利亚等国家的城市，小汽车为主要的交通方式，碳排放强度最高；人口密度适中的欧洲城市以轨道交通、私人小汽车和小型公交等混合交通方式为主要交通方式，碳排放强度居中；人口密度较高的亚洲城市则大多以轨道交通为主要的交通方式，碳排放强度最低。对于大中型以上城市，应该发展城市轨道交通、快速公交、地面公交为主的城市绿色出行体系。对于规模较小的城市，步行和自行车交通有较大的发展潜力。

树立绿色出行引导城市发展理念，发挥城市交通规划对土地开发和空间发展形态的引导作用，发展城市的可持续发展模式。推进城市交通低碳转型，构建公共交通导向的土地开发模式，沿快速通道、轨道交通线进行土地开发建设，推进土地混合使用，将居住、就业和生活服务设施相对集中的布局于轨道交通枢纽或公交站点周围，建设紧凑布局、混合功能的城市单元，促进区域职住平衡，完善慢行交通基础设施网络体系，建设以"绿色出行"为主体的宜行城市。围绕居住小区打造"一刻钟"服务圈，配套建设必需的生活服务设施，从源头上实现减少大规模、长距离机动化的出行需求，助力打造实现近零碳城市。

二 积极引导转变出行方式，提升绿色出行比例

发达国家的机动化进程已实现饱和，城市交通的出行总量已基本稳定。这些国家通过不断提升公交服务品质、发展慢行系统、建立优惠机制等方式，提升绿色出行比例，促进全社会形成以绿色为导向的生产生活方式。例如：伦敦市通过市交通局、各行政区与各参与方合作，将减少伦敦市民对汽车的依赖，鼓励人们更多地选择灵活、高效和环保的交通模式，明确提出"到2041年，80%的出行由步行、骑行和公交出行组成"的中期目标，其中，预计绿色出行占比在伦敦市中心达95%、内伦敦地区达90%、外伦敦地区达75%。同时，伦敦市提出"至2050年，整个交通系统将实现净零碳"的远期目标。在《哥本哈根2025年气候规划》中，城市交通的发展目标是：到2025年，绿色出行比例达到75%；在上班、上学通勤出行中骑行比例达到50%；公共交通出行比例比2010年增加20%。

三 合理分配城市道路资源，改善慢行出行条件

法国、瑞典、英国等欧洲国家一直具有世界一流的城市公共交通系统，但此前并不太重视自行车和步行交通。近年来，欧洲国家许多城市的中心城区拓宽了步行道，设置了自行车专用道，尽管目前看来自行车道的使用率并不算高，但欧洲国家仍在计划增加更多的自行车道，以明确政策导向，鼓励自行车出行。我国大多数城市都有着很高的步行与自行车出行传统，但随着我国步行与自行车出行的安全环境和基础设施环境不断恶化，我国城市的步行与自行车分担率呈持续、快速下降的趋势。在公共交通供给不足的情况下，慢行交通分担率降低的份额主要转移到小汽车，更加剧了城市交通拥堵与空气污染，因此，吸取欧洲国家的教训与经验，我国城市政府必须将鼓励慢行交通与优先发展公共交通、加强交通需求管理置于同等的高度，在新城建设与老城改造项目中，要合理分配道路资源，为步行与自行车出行者提供更好的环境，同时，配合交通需求管理政策，加强绿色出行文化宣传，以遏制慢行交通分担率下降趋势。

四 加强实施交通需求管理，引导小汽车合理使用

欧洲国家普遍高度重视交通需求管理，大力实施交通需求管理政策是欧洲国家的重要发展政策，法国把交通需求管理作为城市交通规划的必要组成部分。法国巴黎、瑞典斯德哥尔摩、英国伦敦均采取了与本国法律及城市特点相适应的交通需求管理政策，并积累了很多值得借鉴的国际经验。给中国的启示主要有三点：一是交通需求拥堵收费应分阶段实行，逐步推广实施。拥堵收费作为在特殊时间特定区域向小汽车出行者征收的一种额外的费用，民众的支持至关重要。拥堵收费政策在斯德哥尔摩实施初期得不到公众认可，2006年政府决定试行此政策，试行期间缓解交通拥堵效果显著，逐渐得到公众认可，在2007年通过市民表决后，正式开始实施。因此，我国城市在实施拥堵收费政策时，建议以试行的方式展开，逐步推广。二是拥堵收费的根本目的是优化出行结构，而不是增加财政收入。斯德哥尔摩实施拥堵收费以来，公共交通分担率逐年上升，小汽车出行分担率逐年下降，城市居民出行方式逐渐由小汽车向公共交通转变，出行结构得到优化。斯德哥尔摩每年拥堵收费8亿瑞典克朗，仅相当于每年公共交通建设运营成本的5%，而且其中1~1.5亿瑞典克朗用于系统维护。三是拥堵收费需要有完善的技术手段作支撑。斯德哥尔摩拥堵收费由IBM提供技术支撑，所有的收费自动完成，不需要停车，起初通过电子标签，目前完全依靠车牌识别技术，完善的不停车收费技术为拥堵收费的开展提供有力支撑。

五 推进绿色出行文化建设，厚植低碳环保理念

让公交优先观念深入人心，让绿色出行成为人们广泛接受的一种培养公众低碳出行意识的出行方式。低碳出行是一种以低耗能、低污染、低排放为特征的环境友好型出行方式。城市交通低碳转型既要发挥政府引导的作用，推动行业节能减排，也有赖于公众积极选择绿色出行方式，降低小汽车使用强度。如果不能转变社会观念，不论交通基础设施和技术手段多么先进，也无法真正实现城市交通低碳绿色转型。鉴于此，推进交通低碳发展既要发挥激励和奖惩机制的作用，也要推进精神文明建设，营造绿色

交通文化，在全社会树立绿色出行新风尚的生活方式。

六 促进社会经济发展转型，助推城市绿色发展

发达国家的经验表明，发展绿色出行是建设绿色低碳城市的重要保障，是建设城市"15分钟社区生活圈"的重要内容，能产生显著的经济效益和社会效益，提升城市的发展活力和宜居性。随着城市的发展，提供适宜居住并且拥有高质量公共空间的城市环境，有利于发展商业、服务业和娱乐业，促进城市经济发展和社会就业。

发展绿色出行在推进城市交通拥堵治理、减碳、改善空气质量方面都能发挥重要的作用。我国人口众多、资源条件禀赋，而且目前正处于城镇化和机动化重叠加速发展阶段，城市交通二氧化碳和污染物排放量快速增加，城市和城市交通的发展面临巨大的环境压力，加快转型迫在眉睫。建立以"公共交通+自行车/步行"为主导的绿色出行系统，形成集聚节约的城市土地利用模式与结构、绿色高效的城市交通模式与结构，对于促进落实国家碳达峰碳中和战略、交通强国战略和我国城镇化可持续发展具有极为重要的战略意义。

第七章

绿色出行发展路径和对策分析

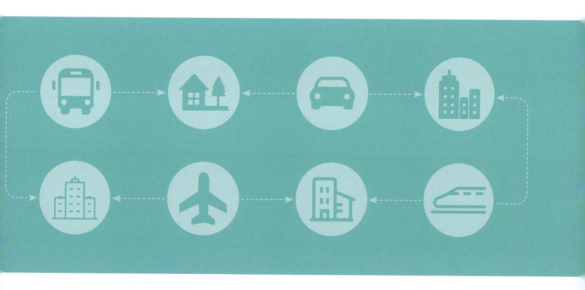

第七章 绿色出行发展路径和对策分析

第一节　绿色出行发展目标

发展绿色出行是推进中国式现代化的重要支撑，是增进民生福祉的具体举措，是打造韧性城市的必由之路。绿色出行的发展趋势是一体化、零碳化、共享化和智能化，这也是现代绿色出行体系的主要特征。

一、总体目标

坚持生态优先、以人为本、制度创新、协同共建，绿色出行政策制度体系更加健全，绿色出行设施明显提升，公交服务品质显著提高，绿色出行环境明显改善，新业态和传统业态实现融合发展，布局合理、生态友好、清洁低碳、集约高效的绿色出行服务体系将加快形成。绿色出行在公众出行中的主体地位得到确立，交通出行的公平性大大加强，人民群众对选择绿色出行的认同感、获得感和幸福感持续加强。

二、具体目标

1. 绿色出行基础设施布局合理

城市道路网密度和道路面积率合理增长。慢行道路规模持续增长并连续成网，里程增幅不低于城市普通道路，更多的城市建设精品示范步道和自行车道。公交优先设施逐步建设成网，推进轨道交通、常规公交和慢行系统的设施融合，加强各出行方式换乘设施衔接，力争所有具备条件的轨道交通站点实现200m内公交站点全覆盖，公交换乘枢纽150m内设有公共自行车或互联网租赁自行车停放区域的比例达到90%以上。

2. 绿色出行组织方式高效互联

构建以"公共交通+慢行交通"为主体，以出租汽车、网约车、小汽车为补充的交通出行体系，绿色出行创建行动深入推进。到2030年，城区常住人口100万以上的城市绿色出行比例不低于70%，绿色生活方式成为公众自觉选择的目标。提高城市公交服务质量，公交站点覆盖率、公共汽电车保有量、公交专用道布设比例、公交正点率等指标均要有一定提升，进而推动公交高质量发展，同时规范发展互联网租赁自行车，加强其与轨道交通、常规公交的线路融合。

3. 绿色出行服务品质显著提升

公交优先战略深入贯彻，轨道交通运载能力与服务质量逐步提升，慢行交通系统覆盖范围稳步扩大，设施与人文关怀品质日益升高，发展高品质的现代城市绿色出行服务体系，提升城市绿色出行的吸引力，让绿色出行方式成为市民日常出行的首选，成为年轻人的出行时尚。城市可通过交通管理平台对小汽车出行需求进行有效调控，加大绿色出行理念宣传引导，使绿色出行的生活方式与生态效益深入人心。

4. 绿色出行发展智慧赋能引领

积极运用智能化、信息化手段，切实提升城市公共交通安全生产治理体系和治理能力的现代化水平，强化对城市公共交通隐患的排查治理。加强智慧赋能，加快智慧绿色交通系统建设，积极探索 MaaS 新模式，推进智慧公交建设应用，建设"公交大脑"，优化公交大数据分析应用系统，推进公交信号主动优先控制。依托 App 实现公共交通一码通乘，建立公共交通扫码换乘优惠制度，继续探索自动驾驶在公交领域的应用，引领行业发展。

5. 绿色出行文化氛围愈加浓厚

加强绿色出行的宣传教育，完善公众参与机制，同时加大绿色出行的人文关怀力度。开展"绿色出行宣传""公交出行宣传周"等相关主题宣传活动，建立公众参与机制，关爱特殊群体，提高无障碍出行水平，以及增强社会监督力度，建立与 MaaS 相结合的绿色出行碳普惠机制，激发需求侧的参与活力，加强全面引导，加快形成简约适度、绿色低碳的生活方式。

三 发展模式

根据城市规模、地形、气候等不同因素，收集整理了全国从小城市到特大城市、平原城市到山地城市、气候温和城市到高寒城市共 40 个城市的居民出行特征，选取了国内典型城市，对其城市交通发展模式进行归纳总结，并将其作为城市交通绿色出行发展的基础数据进行分析，从城市居民出行结构的角度出发，分析得到下列 4 种城市绿色出行发展模式。

1. 慢行交通为主体的发展模式

以慢行交通为主的发展模式多发生在平原地区的中小城市，城市将慢行交通发展放在城市交通中的首要位置。城市居民出行方式以自行车和步行为主，绿色出行比例较高并以慢行交通出行为主，居民出行距离普遍较短且出行速度较慢。城市具有完善的城市慢行交通规划体系，政策保障在资金、用地等各个方面向慢行交通发展倾斜。基础设施方面，逐渐形成完备的慢行交通出行网络，为大力倡导和发展自行车系统的发展奠定了基础。

2. 公共交通与慢行交通均衡发展模式

公共交通与慢行交通均衡发展的绿色出行模式适合平原地区城市，主要为中型和Ⅱ型大城市，并将绿色交通发展放在城市交通中的首要位置。城市居民选择常规公交、轨道交通、自行车和步行方式出行的比例较为均衡，城市绿色出行比例一般占总出行的75%以上，居民出行距离适中，出行速度也适中。城市在交通规划中将慢行交通与公共交通作为一个整体进行统筹谋划考虑，进行绿色交通系统规划设计，在公交优先发展的基础上，会在政策保障中体现慢行发展优先。基础设施方面，逐渐形成完备的慢行交通道路网，注重人性化设施的建设。

3. 公共交通为主体、慢行交通为衔接的发展模式

以公共交通为主体、慢行交通为衔接的发展模式多适用于超大型和特大型城市。城市交通出行以城市轨道交通、常规公交或BRT等公共交通为主，占总出行方式的30%以上，慢行交通发展作为公共交通的补充和衔接，居民对出行速度要求较高，出行距离普遍较远。城市在规划设计中注重慢行交通与公共交通的一体化设计，在资金、用地等各个方面向综合交通发展倾斜。基础设施方面，在建设城市交通走廊的同时，发展慢行交通道路网，并强调其与城市交通走廊的连通性和补充性功能，可选择推进"自行车+公共交通+自行车"的出行模式发展。

4. 公共交通和步行为主体的发展模式

以公共交通和步行为主体的发展模式通常适用于自行车行驶不便的丘陵山地型城市，城市地理形态制约了自行车交通的发展，慢行交通发展作为公共交通的补充和衔接。城市居民出行方式中步行和公共交通出行占主体地位，自行车交通出行比例较低，一般占总出行方式的10%以下，整体

绿色出行比例在 70% 以上，居民出行速度适中，出行距离较远。城市交通规划设计中注重慢行交通与公共交通的一体化设计，在资金、用地等各个方面优先保证公共交通，并逐步向慢行交通发展倾斜。基础设施方面，在建设城市交通走廊的同时，发展慢行交通出行网络，并强调其与城市交通走廊的连通性和补充性功能。

第二节　绿色出行发展路径

一　优化城市空间规划布局

树立绿色出行引导城市发展理念，以城市交通规划为核心引领城市空间规划与空间功能开发，扩充城市可持续发展内涵。大型及以上城市合理发展轨道交通，形成骨干体系，加强多种出行方式融合高效发展。推进交通枢纽一体化开发，加强枢纽周边土地利用，形成以交通枢纽为核心的集聚效应。

1. 优化调整城市布局

倡导紧凑型公交导向城市发展规划，构建多中心、职住均衡、城市功能完善、交通土地深度一体化的城市结构，推进混合土地使用，打造 15min 生活圈，居民在步行范围内即可实现消费、娱乐、社交等日常活动，减少非必要的机动化出行。降低交通需求总量，缩短出行距离，逐渐形成短距离出行采用非机动交通、长距离出行乘坐公共交通的城市交通出行方式，在公交站点周边聚集更多人口岗位，方便居民选择公共交通等出行方式，实现可持续的低碳城市发展。

对于有条件引入轨道或中运量的中小城市，在国家发展"轨道上的都市圈"背景下，充分利用交通枢纽的便捷性，利用 TOD 理念，解决轨道交通、中运量公交与其他交通方式的"最后一公里接驳"问题，构建多种方式的绿色便捷换乘系统，减少小汽车直达城市中心城区和都市圈核心区比例，实现绿色出行分担率超过 85% 的发展目标。对于市郊和新城，加快市郊铁路建设，从规划阶段进行沿线站点的 TOD 开发，新建线路实现轨道与土地一体化开发，轨道站点周边建设一体化的慢行交通网络，整合开放空间，进行高水平城市设计，提升轨道站点周边环境品质。

> **专栏 7-1　国内案例——雄安新区打造绿色出行体系**
>
> 　　2019年12月，雄安新区管委会印发《关于推进交通工作的指导意见》，重点规划未来5年交通工作，明确提出新区未来绿色交通出行比例达到90%，公共交通占机动化出行比例达到80%（简称"90/80"），并规定了实现"90/80"目标的路径和具体任务，构建便捷、安全、绿色、智能为导向，公交、非机动车和步行为主体的交通新模式，高标准、高质量打造新区绿色交通体系，助力新区打造交通强国建设先行区。

2. 构建高效率轨道交通网络

以合理规划城际、市域轨道交通为原则，提升市域轨道交通与城际轨道系统和地面交通系统的融合程度，实现多层级轨道网络和站点的高效协同，逐步提高轨道交通覆盖水平和服务能力。以城市总体结构为基础，形成轨道交通"网络—节点—末端"体系，构建轨道交通骨干体系，以支持全面打造低碳城市形态。

3. 推进综合交通枢纽一体化开发

在轨道系统站点周边强调以公共交通为导向进行片区开发。修改土地出让方式、招拍挂制度等法律条款，将城市交通枢纽用地性质调整为"综合用地"，以支持商业、办公等综合开发。修编城市规划相关编制办法，推动轨道交通与周边用地的一体化开发。积极构建TOD理念下的轨道经济圈，促进商业、会务和公共活动区域在轨道交通站点周围的集聚发展，形成紧凑型城市形态，吸引人口向轨道周边聚集，减少对小汽车出行的依赖，实现站城耦合。

推进交通基础设施建设

1. 推进城市群轨道交通建设

加强城市交界地区道路和轨道交通的顺畅连通，推动京津冀、长三角、长株潭等城市群的干线铁路、城际铁路和市域轨道交通融合建设。实现城市群轨道交通运营的公交化，构建一张网的运营管理和服务体系，打造全天候、一体化的换乘环境，为公众提供出行便利条件，并促进集约化的高品质出行。

2. 提升城市公共交通基础设施建设

加强公交专用道的设计、施划和使用监管，加强公交专用道网络化运营，合理建设港湾式公交停靠站、适老化公交站台，为公共交通提高服务质量与运载能力奠定基础。加强首末站、停保场等配套设施建设，提高公共汽电车进场率。优化公交场站布局，提高换乘效率，完善周边步行和非机动车接驳系统。加强场站土地应用与功能开发的同时，以相对优惠条件配置充（换）电站等设施。

3. 加强低碳交通基础设施建设与养护

积极探索"城市交通+光伏"应用，从规模、形式及技术等方面进行优化设计。充分利用轨道交通的高架车站、地面车站、停车场、轨道沿线等资源，进行光伏项目的开发和建设。在新建或改建的枢纽站、办公区、首末站和停保场等，建设以"光伏+顶（车）棚"为主要形式的分布式光伏发电系统，同时，配合分布式储能、电动车充电系统，打造公交场站"光储充"一体化模式，积极推广光伏电子站牌等应用场景，提升城市交通绿电消费比例。

4. 建立完善的无障碍设施

通过"以人为本"的交通设计，为残疾人、老年人等提供交通出行便利，提升交通出行的公平性（图7-1）。建设无障碍公共设施，采用低地板及低入口公共汽电车，并完善相应信息化设施，使行动不便人士轻松出行。加快城市道路无障碍设施建设，设有路缘石的人行道，在各路口应设缘石坡道；重点地段及公交站台等应建立连续、完善的盲道网络；人行天桥和人行地道应设置符合轮椅通行的轮椅坡道、电梯；桥梁、隧道的人行道应设置盲道。通过建立精品示范路工程，加快推动建立完善的无障碍道路交通设施。

5. 优化区域路网结构

根据中共中央、国务院于2016年印发的《关于进一步加强城市规划建设管理工作的若干意见》，应当树立"窄路密网"的城市道路布局理念，推进快速路、主次干路和支路级配合理，控制对小汽车道路资源供给的道路建设方案，同步打通支路街巷路，提升路网连通性。加快现有城市路网的改造升级，推进绿色高效的多层次综合交通系统建设。

图 7-1　上海精品示范路

6. 强化慢行交通系统改造

提升人行道、非机动车道比例，并设立严格的机非隔离、人非隔离设施，提高慢行系统出行承担率与安全性。以步行和非机动车路权优先为原则，明确慢行网络的慢行空间资源占比、隔离方式、路侧停车等指标与条例，切实保障慢行交通的优先地位。强化日常对慢行系统的检查与维护，严禁占用人行道、非机动车道的行为。严格落实工程设计和相关建设标准，杜绝出现设备破损或失效的情况。

一是加快城市绿道慢行系统建设。结合城市道路建设，完善步行道和自行车道系统。新建及改扩建城市主干道、次干道时，具备条件的地区设置步行道和自行车道。结合园林城市、花园城市建设等，加强城市道路沿线照明和沿路绿化，建设林荫路，提高舒适性，改善出行环境。

二是构建安全、连续和舒适的城市慢行交通体系。从以人为本的角度出发，开展人性化、精细化道路空间和交通设计，完善慢行交通基础设施。优化交通路权分配，均衡道路资源，保障城市微循环道路的连续性、通畅性。规范路面设施，安装必要的安全围护设施，完善非机动车道专用交通标志标线、信号灯等，确保步行、骑行安全快捷顺畅。布局规划和建设自行车停放设施，逐步取消或向道路内侧移动路内停车泊位，恢复原有慢行交通空间。在公交场站和地铁站附近，建设自行车停车的附属设施。

三、加快推广低碳运输装备

1. 提升城市客运运输装备碳排放水平

一是提升传统动力汽车节能减排技术。研发先进动力系统、变速器、电子电器、高效传动系统以及车身轻量化、低阻力等节能汽车关键技术，提升运输装备的能效和碳排放水平。二是加快老旧车辆的淘汰更新。针对使用汽油、柴油、天然气等化石燃料的营运运输装备，建立燃料消耗检测体系，推动超标排放汽车"检验—维修—复检"闭环管理。采取经济补偿、严格超标排放监管、强化汽车检测与维护制度等方式，引导加强高能耗、高排放、低效率城市交通运输工具有序退出。按照发展次序，可优先支持公共交通领域燃油车退出，后逐步推进社会运营与私人使用领域的新能源车辆比例，最终实现城市客运装备的整体低碳水平。

2. 加快推广新能源公交

一是加快纯电动公交车的推广应用。相关部门配套车辆购置补贴等优惠政策，同时支持场站内充电桩布设以及电网配套建设，降低公交运营企业的成本压力。公交车设计研发企业应不断改进电机与电池的性能，提高能效与安全性。政府部门同步设定公交车更新与购置要求，在条件允许的情况下尽可能多地采购电动公交车。二是加大对氢能源公交车辆推广应用的探索力度。科学设计氢能源公交示范线路或示范区域，探索氢能源公交车运行效能与基础设施需求。部分地区强化扶持政策，超前部署氢能运输装备与加氢设施，引导公交动力逐步向氢能转型。

3. 发展城市轨道交通

根据城市群的发展需要和交通状况，科学规划轨道交通线路布局，构建城市群轨道交通网络，提高轨道交通的连通性和便捷性。加大轨道交通建设投入，加快建设进程。提高城市群轨道交通的运行质量，优化换乘方案，加强轨道交通站点的设施建设。强化轨道交通与其他交通方式（如公交、出租汽车、自行车等）的衔接，提高市民的换乘效率和体验感。

对于新建的城市轨道系统，需重视能耗控制，包括节能纵断面设计、牵引电机选择、车体设计及轻量化和再生制动能利用等；对于已开通运营的城市轨道系统，应不断加强运输组织优化（列车运行控制优化、时刻表优化、行车组织等）和列车节能操纵、车站系统节能等措施，节约能耗。

同时研发高效新型设备与系统，优化牵引供电系统模式，并开展飞轮储能等装置在城市轨道交通再生制动能量回收及利用系统中的应用研究。

4. 推广新能源小汽车

通过继续加大对新能源汽车的政策支持，鼓励政府机关、公共机构、公共交通企业推广新能源车辆，提高其比重，降低交通运载工具的能耗和碳排放水平。城市交通管理部门应统筹推进充电设施建设，早日实现城市机动车由传统燃料为主转向清洁能源为主。同时，需要研究个体新能源车辆的推广政策，制订传统燃油车辆的淘汰、置换政策，提出新能源车辆的购买优惠、补贴政策，建立对应的强制性措施和处罚政策等。

自动驾驶技术因其对传感器和车辆架构的特殊需求与电驱动汽车有天然的适应性。同时考虑到自动驾驶汽车可以实现更小的车头时距与车横向间距，因而当自动驾驶车辆渗透率较高时，道路通行能力可显著提高，进而降低道路拥堵和车辆能耗。因此建议加大对自动驾驶技术的示范项目推广和试验路段拓展力度，加速自动驾驶技术在多种真实场景落地。鼓励相关研发公司加快技术升级与落地进程。推动确立自动驾驶车辆测试验证的相关标准，有计划地开展牌照发放工作；推动自动驾驶技术的权责划分与相关法律条文的修订。通过自动驾驶技术的发展进一步推动新能源汽车的应用。

四 提升绿色出行服务水平

1. 绿色出行一体化发展

超大、特大城市深入推进"轨道 + 常规公交 + 慢行"多种出行方式融合发展，通过建造综合枢纽和构造快速换乘方案等方式提高不同出行方式的衔接水平。其中应重点大力发展轨道交通与大容量公交，并针对特殊需求开设定制公交等个性化服务。改善步行、自行车出行环境，鼓励5km内选择非机动化方式通勤。同步加强慢行交通与公共交通的衔接，大城市加快推进大、中运量"公交 + 慢行"网络融合，建设国家公交都市；中小城市和县城建设绿色出行友好城市，重点发展慢行交通，改善和提高步行、自行车出行环境。在人口集中、交通拥堵的客流主走廊区域，开设重点公交线路，并设置固定高发车频次，提高公共交通服务水平；在人口非密集区，公交需求少的区域可采用社区巴士、微公交、小型新能源车等灵活车型按需服务。

2. 提升公共交通发展水平

以提升城市绿色出行的吸引力为核心，以公交都市建设示范工程为引领，提升旅客联程联运水平，推动轨道交通、常规公交和慢行交通的三网融合发展，提升城市公共交通的服务质量。

提升旅客联程联运水平。建立高效的交通衔接系统，完善民航机场、铁路、道路客运、航运与城市道路客运、城市轨道客运的衔接，建设大型交通枢纽和乘客换乘站以提升乘客出行和换乘效率；构建 MaaS 系统，打通多模式出行方式的时刻表对接，设置联程运输电子客票，并构建高效的换乘系统，逐步实现绿色出行比例超过 85% 的发展目标。

推动轨道交通网和常规公交网络融合发展，实现地铁和公交之间无缝衔接。首先，匹配地铁首末班车时间与接驳公交运行时间，双方进行运营数据互通，并利用大数据分析，根据线路客流出行规律，对地铁站点相接驳的公交线路运营时间进行调整，同时提高公交准点率，实现换乘时间可控。其次，针对早晚高峰，结合客流调查，在部分地铁站点推出高频率车，方便市民实现公交、地铁无缝衔接，降低市民出行强度和通勤时间。此外，还需要补强接驳信息指引，实现换乘信息清晰明了。通过公交站点更名、增设、迁移，实现公交地铁站站融合，提高城市轨道交通网和常规公交网络的融合发展水平。

加快提升城市公交的服务质量。完善管理体制机制并构建完备的绩效管理体系，进而提升企业员工服务能力和服务水平。统筹经济效益和社会效益，优化公交运营线路，根据客流需求特征调整公共汽电车辆发车间隔，以提高公交出行服务水平和满意度，不断提升城市公共交通的吸引力。

完善需求响应公交服务体系。一是接驳定制公交。针对通勤、通学等起讫点确定的出行需求，可开展定制公交服务，集中路径相似度较高的客流，减少分散出行。或针对职住分离程度相对较高的城市，开展带有接驳功能的定制公交服务，形成区域间的点对点服务。二是客流集散定制公交。整合线路首站已确定，而末站、中途站和走行路线均不确定的出行需求，以解决大型综合客运枢纽客流无序外散的问题。三是巡游定制公交。乘客通过服务系统平台选择上车站和下车站，车辆在行驶过程中通过算法自动匹配沿途订单，并生成行驶路线，为单一区域内用户服务。通过差异化、个性化服务提升公交的响应时间、需求匹配度、乘车效率和舒适度等方面，积极构建城市交通微循环网络，覆盖城市就业和生活的末端，解决乘客的"开始一公里"和"最后一公里"出行问题。

构建适合中小城市灵活的公交系统。在人口集中、交通拥堵的客流主走廊区域，开设重点公交线路，并设置固定高发车频次，提高公共交通服务水平。在人口非密集区，公交需求少的区域可采用微公交、社区巴士、定制公交等灵活方式按需服务。

专栏7-2　国内案例——建设高质量的公交都市

为深入贯彻落实公共交通优先发展战略，践行绿色发展理念，持续推进公共交通服务品质提升，实现公交都市高质量发展，苏州市出台了《苏州公交都市高质量发展三年行动计划（2023—2025年)》。到2025年，苏州要完善以轨道交通为骨干、常规公交为基础、慢行交通为延伸，多方式有机融合的城市公共交通体系，形成"便捷高效、一体融合、友好智慧、绿色安全"的公共交通出行系统。构建"零费用、零距离、零等待"公交轨道换乘体系，具备条件的轨道出入口100m内要实现公交站点全覆盖、公共自行车服务点全覆盖，出行环境将更加安全舒适。在提升城市公共交通本质安全、公共交通事故率持续下降的同时，开展交通需求管理，持续推进公交优先车道建设，高峰公共汽电车运营时速不低于20km/h。力争实现新能源公交车比例100%，新增低地板及低入口公共汽电车比例超过80%。新型智能化电子站牌将得到推广，使轨道公交换乘信息实时交互共享。

3. 发展慢行系统

使用自行车出行需要城市配备相应的基础设施。建议将自行车规划纳入国家综合交通规划和绿色城市建设规划，同时以城市为单位落实规划内容，并推进使用基于骑行者优先理念进行环境治理和街区设计。中央和市级财政支持自行车基础设施建设，强化法律和制度建设保障。同时大力发展自行车技术，强化自行车安全系统，统筹管理公共自行车网络，并结合碳普惠等技术为自行车通勤者提供补贴。

规范发展互联网租赁自行车。加快推进互联网租赁自行车停车点规划工作，利用大数据分析技术综合城市规划中对交通枢纽与兴趣点（Point of Interest，POI）的要求，完成停车点选取的同时，建立动态更新机制。并且实时监测车辆运行情况，加强对互联网租赁自行车的投放、停放的管理，提高自行车供给调度效率，强化质量信誉考核等，促进互联网租赁自行车与城市公共交通的融合发展。

4. 加强需求管理

在大型以上城市，适时制订相应的机动车限购和限行政策，根据城市拥堵和机动车保有量增长的情况，适时调整措施。逐步取消或减少购车补贴，特别是针对燃油小汽车的购车补贴。为缓解城市交通拥堵，可以考虑实施尾号限行、分时段限行、停车位限制等措施。同时，加强公共停车场的管理，针对不同地段和区域，实行差别化收费政策。

为了提高交通效率，可以通过控制小汽车出行总需求，引导出行者合理安排出行计划，进而调整高峰时段道路交通总量。城市可以采用经济、行政和法律手段，如错峰上下班、调控交通时空分布等来对小汽车使用进行必要的引导，以保证城市交通功能正常运转，提高市民出行效率。另外，针对公交线路过长导致通勤效率下降的问题，可以发展立体化公共交通体系，方便公交与地铁无缝换乘，并尽可能减少地面长距离通勤，从而进一步提高交通效率。

积极开展城市交通拥堵治理。为缓解小汽车快速增长和高强度使用导致的交通拥堵问题，需建立交通需求管理长效机制。虽然电动化水平不断提高，但仍然需要通过综合施策引导小汽车发展。差别化停车收费等交通需求管理政策的实施，可以加快各类停车设施建设和经营服务的市场化进程，并有效调节车流的时空分布。同时，这些政策也可以提高中心城区小汽车的使用成本，合理控制小汽车的使用。对于超大、特大城市应实施最严格的小汽车使用管理政策，并建立交通拥堵和低排放控制区。对于大城市，可采取必要的小汽车使用管理政策。对于中小城市和县城，可以采取差异化停车政策适度控制小汽车使用。加快对城市路网及其运行状态的梳理，完成"打通断头路、整治堵点、新增停车位"等目标任务。建立城市交通诱导系统、智能停车管理系统等，降低动态交通和静态交通之间的相互干扰，提高通行能力和效率。

5. 开展绿色出行示范区试点

以缓堵和减碳协同治理为目标，建立绿色出行示范区。"绿色出行示范区"是指在城市某特定的区域范围内，建立以"城市公交+步行/自行车"为主体的绿色出行体系，形成绿色低碳的出行模式，助力加快建立绿色出行友好型城市。"绿色出行示范区"包括完善基础设施建设、推广低碳运输装备、完善绿色出行服务、推行交通需求管理、培育绿色出行文化等重点内容。

打造"绿色出行示范区"须建立一个以市长为组长的，包含交通规划、建设、运营等方面的城市绿色出行示范区综合管理机制。示范区域内对燃油车辆实施严格管控，即需要在示范区外换乘或支付高额费用驶入。在示范区外围配合轨道交通、公交站点等设置用于小汽车换乘的停车场。同时对所有小汽车（包含燃油车与电动汽车）实施较高的使用收费标准，为公交系统赋予优先通行权，引导小汽车用户使用公交系统和慢行系统。此外，示范区内的交通运输装备应当符合较高的排放要求，同时基础设施应考虑前文提到的规划与设计要求，进而实现不同出行方式的高效协同与区域内整体的低能耗与低排放效果。

专栏7-3　国内案例——建设绿色发展示范区

> 2024年2月，国家发展改革委和北京市人民政府联合印发的《北京城市副中心建设国家绿色发展示范区实施方案》提出，到2025年，城市绿色出行比例达到80%左右，并提出建设便捷畅达的绿色交通示范等重点任务。支持北京城市副中心开展超低排放区试点工作，探索制定以交通领域为重点的低碳城市运行政策措施。研究制定北京城市副中心加快新能源汽车推广应用实施方案，推进充电桩、换电站等配套设施建设。包括以下四项具体任务：建设高效绿色的轨道交通、完善生态友好的道路交通、推进绿色智能交通管理和推动区域绿色低碳交通一体化。

五、建立智慧交通管理体系

智慧交通管理体系的实现将智能化技术延伸至城市交通的各个方

面，并使各个子系统高度集成、协同运作。当前，利用 5G、大数据等技术，城市公交的智能化和数字化水平逐步提升；信号控制、智慧停车等技术大大纾解了交通拥堵难题；MaaS 系统以新的服务形式加强了不同出行方式的融合。智慧交通管理体系从不同层面提高了城市交通的运行效率，减少运行成本的同时也降低了能耗，大大推动了城市绿色节能进程。

1. 智能公交调度系统

智能公交调度系统通过实时监控城市内公交运营状态与站台客流等情况，配合计算平台等基础设施，建立"公交大脑"，可实现基础信息管理、计划排班、智能调度、运行统计分析等功能。除维持日常运行外，还可响应客流波动，及时加派车辆缓解站点乘客堆积等问题，进而保持公交系统快速平稳运行。公交企业应为公共汽电车完整加装 GPS 定位与监控等设备；针对有条件的地区可选配 V2X 通信设施，加强公共汽电车与路侧智能单元的交互与通信。同时考虑云上服务，保障公交调度系统的安全运行与数据安全。

2. 轨道交通管理系统

轨道交通管理系统是一个高度集成化的管理平台，其功能包括列车调度、信号控制、安全管理、能源管理、运营调度等多个方面。随着技术的发展，系统可以配备能源管理单元，以制定能源管理策略；还可以配备数据分析与智能运营调度单元，结合历史数据与实时客流量预测站内客流，进而调控轨道列车班次，减少乘客等待时间。结合自动驾驶技术，系统可进一步精准控制车辆启停，平稳乃至降低列车功耗。

3. 智慧交通管理体系

智能信号控制系统可通过对交通流及车辆的观测，实时调整红绿灯时序，动态调节路口流量。结合交通流预测方法，可有效提前纾解道路拥堵，同时赋予公交车辆路口通行优先权。因此，交通管理部门应在城市主要路口布设智能信号控制系统，并联动多路口的信控设备，进而实现大范围的车流调整与公交优先策略。同时，依据不同道路路网特征建立自适应配时系统，以实现对交通的诱导优化，有效减少车辆的停车次数、排队长度和交叉口通行时间。此外，慢行系统建设也应同步引入智能信控系统，保障非机动车出行。

专栏7-4　国内案例——城市交通运行智慧化管理

深圳市依托城市级交通信号集成管控平台和交通综合治理服务，持续开展面向交通运行的时空动态管理和精细化交通拥堵治理工作，支撑超过600km的绿波带建设以及330个动态车道新型交通组织的应用。通过开展集交通、城市、景观、智慧于一体的综合设计，实现从交通治理到街道治理，进而向城市治理的跨越。在福田中心区、科技园片区等实践中，引导绿色出行比例提升10%，街道人流活力提升10%，出行幸福指数提升20%。建立城市轨道网络级运行仿真推演CIM平台，在全地下高铁枢纽站福田枢纽、西丽综合枢纽等落地建设，并提供轨道交通调度优化、车站运营管控等服务，实现列车牵引节能13%、乘客出行时间节省6%。

智慧停车系统的设计可有效减少车辆因寻找停车位产生的巡游。通过监控各注册停车场的情况，可将剩余车位数量、距离、价格等信息实时推送至用户端，进而提高停车场周转效率、缩短用户出行时间。因此，新建停车场与旧停车场改建均应考虑接入智慧停车系统。基于高精度停车场地图系统，建立高精度停车预约和导航系统，实现点到点的车位预约、车位级导航、反向寻车、无感支付等全流程服务，达到减少碳排放的目的。同时结合已有用户发起停车申请、停车时长等数据，合理规划未来新建停车场点位与布局，进一步提高城市停车效率。

智能网联系统是基于V2X系列通信技术，同时集成分布式计算、多源大数据技术等构成的体系。在实现车车、车路、车人通信的基础上，将一定区域内的车流与路网信息进行整合并计算得到局部优化结果，进而对车辆行为、信号灯时序、车队交互策略等进行调控。这一技术可有效减少道路拥堵和用户间的危险交互；同时，它也可作为辅助手段，为自动驾驶车辆提供更广泛的信息来源，从而提高自动驾驶车辆的决策效率。考虑到智能网联技术的高度集合性，所包含的技术会在未来几十年内持续更新迭代。因此，道路建设应该考虑路侧通信、计算设备与中央调控设备的可扩展性，同时提高车载设备的兼容性，保证智能网联系统在发展的同时持续发挥作用，产生稳定的减碳效果。

4. 发展"一站式"出行服务

以提升公交等绿色出行方式的吸引力为核心目标,加快发展"一站式"出行服务,为绿色出行发展赋能。MaaS 需要通过公交、快车、出租汽车、互联网租赁自行车等多方式衔接模块构建,在实现联运的同时,实现票务支付同步一体化。MaaS 平台聚焦乘客参与、过程监测及资源调度环节,各环节的高效服务离不开创新技术以及数据的有效利用,应发挥数据价值,实现交通资源供给优化的目标。

> **专栏7-5** 国内案例——北京市加速推进一体化出行服务
>
> 北京市通过智慧交通助力便捷出行,加速推进一体化出行服务。推出国内首个绿色出行"一站式"服务平台。依托高德地图、百度地图等社会化出行服务平台,提供出行一体化规划、实时公共交通查询、公共汽车/地铁拥挤度查询、未来用时查询等多项出行服务。推行绿色出行碳普惠激励机制,居民使用公共汽车、城市轨道交通、步行、自行车方式出行可自动转换为相应的碳减排量,通过平台兑换公共交通卡、代金券等。MaaS 2.0 正在补充"交通+餐饮"联动、共享出行、停车预约试点等功能。目前,北京绿色出行"一站式"服务平台,日均服务人数超 450 万,实现全市公共交通"一码通乘",日均刷码近 400 万人次。

六 培育发展绿色出行市场

一方面,积极推进城市绿色出行市场机制,适当引入绿色出行碳交易激励等新模式,鼓励交通运输企业主动减排,以碳配额、自愿减排方式积极参与国内碳交易市场,发挥市场机制对绿色出行的引导作用。另一方面,开展绿色出行碳普惠激励,试点实施以个人或家庭为单位的绿色出行碳普惠激励措施。该措施旨在公众选择绿色出行方式时,可累积碳能量兑换公共交通优惠券、购物代金券等,逐步建立以个人或家庭为单位的出行碳账户制度,加强公众的参与力度。通过以上措施,可推动绿色出行从理念倡导向激励引导升级,改善城市出行结构,促进绿色出行的发展。

七 加强绿色出行宣传教育

推进城市交通低碳绿色转型，需要不断提高公众的绿色出行意识。这不仅需要政府引导和行业节能减排的支持，更需要公众的积极参与。因此，通过开展"公共交通宣传周""绿色出行宣传月"等活动，加强绿色出行宣传教育，完善公众参与机制，并加强绿色出行人文关怀。转变把拥有小汽车作为身份象征的观念，转变把开车出行作为对美好生活向往的观念。加强绿色出行文化培育，具体措施包括开展宣传活动，建立公众参与机制，关爱特殊群体，提高无障碍出行水平，并加强社会监督力度。在学校、社区、医院、大型机关单位等积极开展绿色出行宣传活动，在国庆节等重要节假日积极开展相关宣传活动。通过城市绿色出行碳普惠机制加强引导公众参与绿色出行。只有这样，才能让公众更多选择绿色出行方式，让绿色出行成为人们广泛接受的一种生活方式，加快实现城市交通低碳转型的目标。

第三节 绿色出行发展对策

一 优化顶层设计，提升服务品质，推进一体化发展

1. 优化顶层设计，提升绿色出行战略定位

坚持"绿色出行优先发展"的战略取向，从政策层面推进"公共交通"与"慢行交通"统筹发展，以更好地应对新发展阶段和形势背景下，绿色出行服务在出行链组织、空间环境品质、管养运维保障、智慧低碳转型等方面的新要求。

转变城市交通的发展理念。致力于发展高质量的绿色出行，加强学习培训，转变决策者的管理理念，要意识到过度发展小汽车的不可持续性和危害性。通过城市规划，营造"小街区、密路网"和"以人为本"的设施布局形态和出行环境，提升城市交通的适老化、无障碍出行水平。优化城市结构，强化功能混合与职住平衡，减少通勤距离。加快 15min 社区生

活圈建设，配备多样服务设施，优化慢行出行环境，使居民的大多数日常需求通过慢行出行得到解决，提升绿色出行方式吸引力。

2. 打造高质量公交都市

总结前期公交都市建设示范和绿色出行创建行动经验，深化落实公交引导城市发展，打造高质量的公交都市。

一是持续完善公共交通发展政策体系。深化落实《关于推进城市公共交通健康可持续发展的若干意见》，定期提出建设高质量公交都市的三年行动计划，明确发展目标和发展重点。加快研究落实土地综合开发政策，加强与发改、公安、住建、自然资源等部门的沟通协调，多措并举推动落实公交发展用地、资金、路权等方面的政策措施。要增强公交都市创新引领作用，通过建立完善公交用地在规划、建设、落实等方面的制度，确保在城市公交公益属性的前提下，建立科学合理的定价调价机制，逐步实现从"输血"到"造血"的转变，提高公交企业可持续发展水平。

二是坚持创新驱动，以新质生产力激发城市公共交通发展新活力。以创新为核心，强化公交地铁融合发展，重塑公交线网结构，创新运营服务模式，推进运营改革发展。坚持绿色发展，加快纯电动公交车辆的更新和配套设施建设。建设智慧公交，强化智能交通技术对运营服务品质提升的支撑作用，强化其对市民出行体验提升的保障作用，加快转型升级步伐。

3. 推进城市绿色出行多网融合发展

一是加强推进城市轨道交通、常规公交和慢行线网的融合发展。超大、特大城市深入推进"轨道+常规公交+慢行"网络融合，重点大力发展轨道交通或其他大容量公交；开展城市公共交通的换乘优惠政策研究，促进公交系统网络化出行；改善步行、自行车出行环境，加强慢行交通与公共交通的衔接；大城市加快推进大、中运量"公交+慢行"网络融合，推荐发展新型中运量公交方式，更多开设公交专用道，加大公交服务供给；提升步行、自行车出行环境，鼓励5km内选择非机动化方式通勤；中小城市和县城建设绿色出行友好城市，因地制宜，重点发展慢行交通，改善和提高步行、自行车出行环境。

二是合理规划城市轨道交通线网。在大型以上城市的轨道交通建设规划中，应更科学、全面地评估轨道客流需求，合理规划轨道交通规模和廊道，使轨道建设经济上实现可持续发展。同时，应注意轨道交通建设与城市建设、城市更新在时间和空间上保持同步。

三是构建成网、好用且舒适的非机动交通系统。综合考虑步行和骑行等非机动交通基础设施的规划、建设与管理，以提升城市空间总体使用效率为目标，突出道路空间资源的合理优化使用，适当压减机动车道宽度，注重道路交叉口步行和自行车交通的优先设计，加强既有人行道、非机动车道停车位优化整治，完善非机动车停车设施规划建设。有轨道交通的城市，以轨道交通出入口 100m 内有公交车站为标准，开展轨道公交换乘提升专项行动，推进公交换乘设施建设，实现具备条件的轨道站点 100m 内公交站点覆盖率 100% 的目标。制订轨道站点周边公交站台设置标准，按照"公交停靠站与轨道出入口不宜超过 50m"优化站点设置，实现新建轨道交通站点 100m 内公交站台全覆盖，平均换乘距离不超过 100m。开展路幅宽度 12m 以上道路非机动车道整治工作，对路幅宽度 12m 以上道路上非机动车道宽度不足路段进行综合整治，保障其通行宽度达到 2.5m 以上。

4. 发展创新的多元化公交服务

基于公交客流需求布设多层次的公交走廊，打造多元化公共交通体系，注重全面协调地发展轨道交通、快速公交以及常规公交系统，同时创新和引进其他公共交通服务方式，提升城市公交的吸引力和用户满意度。完善城市公交票制票价体系，建立与服务质量相挂钩的补贴机制。针对不同出行需求设置不同层次的线路服务，包括主干线、直达线、快线、接驳支线、普通线和长途线，实现了 70% 以上的直达服务，有效地满足了各城市中心间的出行需求。

5. 提升城市交通的安全韧性

加强对城市综合交通体系的承载力、适应性和可靠性的研究及科技攻关。在城市综合交通体系规划、建设、运营与管理中，将"安全韧性"作为发展的重要目标和底线思维。建立和完善城市与交通体系安全韧性常态化的监测、评估与预警系统，同时建立灾害、事故和风险调查与数据采集及全息数据库系统与大数据系统。

二 升级运输装备，示范引领带动，推进零碳化发展

1. 加快推广低碳运输装备

建议各省（自治区、直辖市）和城市完善交通运输大规模设备更新、

新能源车辆购置和运营补贴政策，因地制宜，确定推广目标，合理确定新能源车辆购置、补贴对象、标准、流程等。积极参与国家公共领域车辆全面电动化先行区试点，以示范带动为引领，加快推广低碳运输装备，加大技术性减碳力度。

满足国家地铁建设要求的大型城市积极发展城市轨道交通，推进落实城市轨道交通绿色城轨发展行动方案，推广先进节能设备，加强能效管理，降低轨道交通的碳排放强度。

各地结合新能源小汽车购买、置换方面的优惠政策，通过调节资源为新能源汽车指标分配、车位分配等方面提供便利，通过建立个人、家庭账户碳信用积分，引导新能源小汽车的推广应用。

2. 探索建立绿色出行示范区

深入推进城市绿色出行创建行动，提升绿色出行服务水平。结合碳达峰交通强国建设试点，选择经济条件较好、城市交通问题突出的城市，制定《建立城市绿色出行示范区实施导则》，明确绿色出行示范区建设目标、要求和重点任务，建立高质量的绿色出行系统，形成绿色低碳的出行模式和文化，助力加快建立绿色出行友好型城市。在历史保护街区等城市核心区以及住宅区设置步自优先区、安宁街区，限制机动车进入或降低车速，鼓励公共交通和慢行出行。建立城市碳排放监测平台，加强能耗和碳排放统计，完善工作机制，加强示范效果评估和宣传推广。

3. 加强慢行友好城市建设

在各类城市中，因地制宜，加强推进慢行友好城市建设，提升慢行交通出行环境和分担率。首先，研究提出慢行友好城市行动方案，重点关注老人友好、儿童友好、无障碍设施、三网融合等方面，建设"以人为本"的出行环境，充分利用城市资源，发挥城市特色，提升慢行出行品质。其次，针对城市问题，开展重大项目建设和专项治理，如自行车专用路建设、慢行路权管理、人行道净化、互联网租赁自行车和电动自行车规范和安全管理等。加强慢行友好城市建设，不仅有利于助力实现"双碳"目标，而且有利于增进人际交流，提升城市生活的宜居性。

三 推广先进技术，规范发展新业态，推进智能化发展

1. 规范发展互联网租赁自行车

一是明确互联网租赁自行车的发展定位。建议进一步明确互联网租赁自行车的发展定位，积极探索互联网租赁自行车行业管理手段。如视其为单纯市场行为，则对价格波动、运维人员与车辆投放比例等由市场调节或企业自身决策等内容，给予企业更大的自主空间；或研究将其作为准公共服务产品进行管理，采用政府购买公共服务等方式对行业重点问题加以约束。

二是加强新业态相关法律研究。完善的法律法规体系是实施行业监管的根本依据和手段，互联网租赁自行车行业作为新业态，离不开完善的法规制度作保障。然而，由于互联网租赁自行车新模式在我国发展时间较短，相关法律法规建设存在滞后。互联网租赁自行车是共享经济的典型业态，其具有共享新业态的共同特点，建议相关部门加强在国家层面对于共享新业态的立法研究工作，解决行业上位法依据不足的问题。同时，建议相关部门积极鼓励和指导具备条件的地方开展行业立法先行先试工作，根据各地实际情况，加快完善互联网租赁自行车法规体系，制修订相关地方性法规规章，为互联网租赁自行车规范发展提供法律保障。

2. 发展出行即服务

推动"互联网+"便捷城市交通发展，构建以绿色出行为主体涵盖多种交通方式的城市公共出行服务体系，减少小汽车出行需求依赖；探索MaaS服务运营机制，提升各运输服务模式的运营组织效率；深化政企合作，打造智慧出行助手，为用户提供多模式全链条出行的规划、预约、查询、支付、清分与评价等一体化智慧出行服务，满足个性化高品质出行需求；推动智慧出行、旅游、娱乐等消费领域的深度融合与协同发展，探索可持续商业模式；依托大数据云计算技术，建立数据共享及隐私保护等制度，提升MaaS服务的科学监管水平；建立碳足迹跟踪和低碳出行激励机制。

加强智慧赋能，通过利用智慧交通技术，改变交通服务的供应方式，编制城市可持续的出行规划，完成从"提供交通工具"到"提供出行方案"的转变，以此实现交通资源的高效配置，提高绿色出行舒适度和服务水平。

3. 开展城市交通运行智慧化管理

加快构建"城市交通大脑",建立畅行的交通系统,实现系统运行效率最优,实现人、车、路协同发展,推进未来交通系统转型,实现城市交通运行智慧化管理。明确与自动驾驶相关的城市交通规划建设与运营管理框架体系,提前部署新型交通基础设施。

四 加强政策引导,加大绿色融资力度,激励绿色出行

1. 合理引导小汽车的使用

研究制定行业层面城市交通拥堵治理的实施意见,综合运用政策、科技、经济、法律和必要的行政手段,建立交通拥堵治理新机制,消除由于交通拥堵产生的能源消耗和碳排放。

在大型及以上城市,根据城市拥堵情况和机动车保有量增长情况,尽早实施出台机动车限购限行政策。降低或取消购车补贴,特别是对燃油小汽车的购车补贴。拥堵城市可实施尾号限行、分时段限行、通过停车位限制车辆购买等策略。加强停车收费管理,针对不同路段、不同区域的公共停车场进行差异化收费,不断提高小汽车用户的使用成本。

通过降低小汽车出行总需求,在既定的交通基础设施条件下,从调整使用频率与空间区域等方面考虑实施交通需求管理,可引导出行者合理安排出行计划,调整高峰时段道路交通总量。对于人口密度很高的超大型城市来讲,由于存在巨大的交通需求,且城市发展受空间条件限制,无法无限增加道路资源供给。因此,城市应根据自身资源状况,运用经济、行政和法律手段,对小汽车使用进行必要的引导,如实行错峰上下班、召开线上会议等,以调控交通时空分布,确保城市交通功能正常运转,提高市民出行效率。针对公交线路过长导致通勤效率下降,可发展立体化公共交通体系,方便公交与地铁无缝换乘,尽可能减少地面长距离通勤。

2. 完善自行车管理政策

建立自行车专用道管理制度,加强多部门之间协同工作机制,确保自行车道权益。建立城市道路空间资源的优化调整机制,保障自行车道路的优先路权。加强执法力度,严厉打击违规停车和摆放设施设备等占用自行车专用道的行为,禁止机动车抢占自行车专用道,保障自行车专用道畅通

无阻。同时，完善自行车专用道的标识和监控系统，严禁机动车进入。针对电动自行车，制定合理的管理政策，提供路权保障，引导其合理使用。

3. 积极发展绿色金融

根据中国人民银行等7部门联合印发的《关于进一步强化金融支持绿色低碳发展的指导意见》，加强城市交通行业与银行、基金和证券等金融部门在绿色低碳领域的合作。利用绿色金融或转型金融标准，加大对城市交通与能源融合发展、新能源车辆的推广应用、清洁能源和节能技术的推广应用等的信贷支持力度。

4. 建立绿色出行碳市场机制

强化市场化机制建设。完善第三方能源、碳排放审计工作制度，持续推行合同能源管理，做大做强交通节能降碳服务产业市场。继续推动碳排放交易在城市交通领域的应用，积极引导更多的城市交通重点用能企业加入全国碳交易市场。

建议会同相关部门建立城市绿色出行碳普惠机制，建立个人"碳积分"，引导城市客运企业和互联网大数据企业共同参与，建立市场机制为绿色出行增加动能。组织开展绿色出行全链条的碳足迹测算，研究提出基于出行大数据的绿色出行碳普惠方法学，建立以政府为主导的绿色出行碳普惠服务平台。加强绿色出行碳普惠服务平台的宣传。通过政策鼓励与市场激励，引导全社会绿色低碳生产、生活，培养绿色低碳出行的生活习惯。

参 考 文 献

［1］AMPT E. Voluntary household travel behaviour change – theory and practice［C］//10th International Association of Travel Behaviour Research Conference, Lucerne, Switzerland, 2003: 10-15.

［2］Inter-Ministerial Committee on Sustainable Development. A Lively and Livable Singapore: Strategies for Sustainable Growth［R］. Singapore: Ministry of the Environment and Water Resources and Ministry of National Development, 2009.

［3］World Commission on Environment and Development. Report of the World Commission on Environment and Development: Our Common Future［R］. Oxford: Oxford University Press, 1987.

［4］BRADSHAW C. The Green Transportation Hierarchy［R］. Ottawa: Ottawalk and the Transportation Working Committee of the Ottawa-Carleton Round-table on the Environment, 1994.

［5］陆化普. 绿色交通：我国城市交通可持续发展的方向［J］. 综合运输, 2011(02): 13-17+25.

［6］MORENO C. 15-Minute City［M］. Washington, DC: Island Press, 2016.

［7］PERRY C. The Neighborhood Unit: A Study in the Human Environment［M］. New York: American Institute of Planners, 1929.

［8］JACOBS J. The Death and Life of Great American Cities［M］. New York: Random House, 1961.

［9］HANDY S. The Walkable City: Designing for Walkability［M］. Washington, DC: Island Press, 2005.

［10］DUANY A, SPECK J, LENNARD E. Suburban Nation: The Rise of Sprawl and the Decline of the American Dream［M］. New York: North Point Press, 2001.

［11］KNAAP G J M. The spatial structure of the modern metropolis: a review and an agenda for research［J］. Journal of Planning Education and

Research, 2006, 26(2): 190-207.

[12] BATTY M. Cities and Complexity: Understanding Cities with Cellular Automata, Agent-Based Models, and Fractals[M]. Cambridge, MA: The MIT Press, 2005.

[13] HOUGH M. Cities Without Ground: Pedestrian Life and Public Space in Hong Kong[M]. Novato, CA: ORO Editions, 2013.

[14] 江元美. 我国消费者绿色消费态度与绿色消费行为关系实证研究[D]. 济南:山东大学,2011.

[15] 林白鹏,臧旭恒. 消费经济大辞典[M]. 北京:经济科学出版社,2000.

[16] 刘敏. 绿色消费与绿色营销[M]. 北京:光明日报出版社,2004.

[17] TRIPATHI A, SINGH MP. Determinants of sustainable/green consumption: A review[J]. International Journal of Environmental Technology and Management, 2016, 19(3-4): 316-358.

[18] PEATTIE K, BELZ F M. Sustainability marketing—An innovative conception of marketing[J]. Marketing Review St. Gallen, 2010, 27(5): 8-15.

[19] PEATTIE K. Green consumption: behavior and norms[J]. Annual Review of Environment and Resources, 2010, 35: 195-228.

[20] BARBER N A, DEALE C. Tapping mindfulness to shape hotel guests' sustainable behavior[J]. Cornell Hospitality Quarterly, 2014, 55(1): 100-114.

[21] SHETH J N, SETHIA N K, SRINIVAS S. Mindful consumption: A customer-centric approach to sustainability[J]. Journal of the academy of marketing science, 2011, 39: 21-39.

[22] RUMPALA Y. "Sustainable consumption" as a new phase in a governmentalization of consumption[J]. Theory and Society, 2011, 40: 669-699.

[23] ROBERTS Y. Sex differences in socially responsible consumers' behavior[J]. Psychological reports, 1993, 73(1): 139-148.

[24] JOSHI Y, RAHMAN Z. Factors affecting green purchase behaviour and future research directions[J]. International Strategic management review, 2015, 3(1-2): 128-143.

[25] HARRISON R, SHAW D, NEWHOLM T. The Ethical Consumer[M].

London: SAGE Publications, 2005.

[26] KLEINDORFER P R, SINGHAL K, VAN WASSENHOVE L N. Sustainable operations management[J]. Production and operations management, 2005, 14(4): 482-492.

[27] ZEHENDNER A G, SAUER P C, SCHÖPFLIN P, et al. Paradoxical tensions in sustainable supply chain management: insights from the electronics multi-tier supply chain context[J]. International Journal of Operations & Production Management, 2021, 41(6): 882-907.

[28] SANDERS N R, BOONE T, GANESHAN R, et al. Sustainable supply chains in the age of AI and digitization: research challenges and opportunities[J]. Journal of Business logistics, 2019, 40(3): 229-240.

[29] TATE W L, BALS L. Achieving shared triple bottom line (TBL) value creation: toward a social resource-based view (SRBV) of the firm[J]. Journal of Business Ethics, 2018, 152: 803-826.

[30] DUBEY R, GUNASEKARAN A, ALI SS. Exploring the relationship between leadership, operational practices, institutional pressures and environmental performance: A framework for green supply chain[J]. International Journal of Production Economics, 2015, 160: 120-132.

[31] HUSSAIN M, KHAN M, AL-AOMAR R. A framework for supply chain sustainability in service industry with Confirmatory Factor Analysis[J]. Renewable and Sustainable Energy Reviews, 2016, 55(C): 1301-1312.

[32] CAMUFFO A, DE STEFANO F, PAOLINO C. Safety reloaded: lean operations and high involvement work practices for sustainable workplaces[J]. Journal of Business Ethics, 2017, 143: 245-259.

[33] LIOTTA G, KAIHARA T, STECCA G. Optimization and simulation of collaborative networks for sustainable production and transportation[J]. IEEE Transactions on Industrial Informatics, 2014, 12(1): 417-424.

[34] AGRAWAL V, LEE D. The effect of sourcing policies on suppliers' sustainable practices[J]. Production and Operations Management, 2019, 28(4): 767-787.

[35] HUNECKE M, BLÖBAUM A, MATTHIES E, et al. Responsibility and

environment: Ecological norm orientation and external factors in the domain of travel mode choice behavior[J]. Environment and behavior, 2001, 33(6): 830-852.

[36] HICKMAN R, ASHIRU O, BANISTER D. Transport and climate change: Simulating the options for carbon reduction in London[J]. Transport Policy, 2010, 17(2): 110-125.

[37] LIMTANAKOOL N, DIJST M, SCHWANEN T. The influence of socioeconomic characteristics, land use and travel time considerations on mode choice for medium-and longer-distance trips[J]. Journal of transport geography, 2006, 14(5): 327-341.

[38] XIAO C, WILHELM M, VAN DER VAART T, et al. Inside the buying firm: Exploring responses to paradoxical tensions in sustainable supply chain management[J]. Journal of Supply Chain Management, 2019, 55(1): 3-20.

[39] SARDIANOU E. Estimating energy conservation patterns of Greek households[J]. Energy Policy, 2007, 35(7): 3778-3791.

[40] LAM S H, TOAN T D. Land transport policy and public transport in Singapore[J]. Transportation, 2006, 33: 171-188.

[41] YANG L, ZHENG G, ZHU X. Cross-nested logit model for the joint choice of residential location, travel mode, and departure time[J]. Habitat International, 2013, 38: 157-166.

[42] YANG R, LONG R. Analysis of the influencing factors of the public willingness to participate in public bicycle projects and intervention strategies—A case study of Jiangsu Province, China[J]. Sustainability, 2016, 8(4): 349.

[43] LU X. Effectiveness of government enforcement in driving restrictions: a case in Beijing, China[J]. Environmental Economics and Policy Studies, 2016, 18: 63-92.

[44] LIU Y, YAN Z, DONG C. Health implications of improved air quality from Beijing's driving restriction policy[J]. Environmental pollution, 2016, 219: 323-328.

[45] VAN VUGT M, VAN LANGE P A M, MEERTENS R M. Commuting by car or public transportation? A social dilemma analysis of travel mode judgements[J]. European journal of social psychology, 1996, 26(3): 373-395.

[46] VAN VUGT M, MEERTENS R M, VAN LANGE P A M. Car Versus Public Transportation? The Role of Social Value Orientations in a Real-Life Social Dilemma 1[J]. Journal of applied social psychology, 1995, 25(3): 258-278.

[47] JOIREMAN J A, VAN LANGE P A M, VAN VUGT M. Who cares about the environmental impact of cars? Those with an eye toward the future[J]. Environment and behavior, 2004, 36(2): 187-206.

[48] IOSIFIDI M. Environmental awareness, consumption, and labor supply: Empirical evidence from household survey data[J]. Ecological Economics, 2016, 129: 1-11.

[49] ANTIMOVA R, NAWIJN J, PEETERS P. The awareness/attitude-gap in sustainable tourism: a theoretical perspective[J]. Tourism Review, 2012, 67(3): 7-16.

[50] MORRIS E A, GUERRA E. Mood and mode: does how we travel affect how we feel?[J]. Transportation, 2015, 42: 25-43.

[51] GÄRLING T, FUJII S, GÄRLING A, et al. Moderating effects of social value orientation on determinants of proenvironmental behavior intention [J]. Journal of environmental psychology, 2003, 23(1): 1-9.

[52] ANABLE J, LANE B, KELAY T. An evidence-based review of public attitudes to climate change and transport behaviour-final report[R]. London: Department for Transport, 2006.

[53] POORTINGA W, STEG L, VLEK C. Values, environmental concern, and environmental behavior: A study into household energy use[J]. Environment and behavior, 2004, 36(1): 70-93.

[54] 傅志寰, 孙永福. 交通强国战略研究[M]. 北京: 人民交通出版社股份有限公司, 2019.

[55] 姜万荣. 中国城市建设统计年鉴—2022[M/OL]. 北京: 中国统计出

版社有限公司, 2022.

[56] 住房和城乡建设部城市交通基础设施监测与治理实验室. 中国主要城市道路网密度与运行状态监测报告 2024 年度[R/OL]. (2024-06)[2024-06-11]. https://mp.weixin.qq.com/s/B14P4GxERmPl22W1NlnFgg.

[57] 中华人民共和国交通运输部. 中国城市客运发展报告(2022)[M]. 北京：人民交通出版社股份有限公司, 2023.

[58] 朱岩. 2022 城市零碳交通白皮书[Z]. 清华大学互联网产业研究院, 2022.

[59] 姜万荣. 中国城市建设统计年鉴—2021[M/OL]. 北京：中国统计出版社有限公司, 2022.

[60] 向晶, 周灵灵. 中国人口与劳动问题报告 No.22[M]. 北京：社会科学文献出版社, 2021.